Ein Buch aus dem Verlag
die PIRSCH
unsere Jagd

BLV JAGDPRAXIS

Olgierd E. J. Graf Kujawski

Wildbrethygiene

Wild versorgen und verwerten

Verordnungen und Grundsätze

blv

Bibliografische Information
Der Deutschen Bibliothek

Die Deutsche Bibliothek verzeichnet diese Publikation in der Deutschen Nationalbibliografie; detaillierte bibliografische Daten sind im Internet über http://dnb.ddb.de abrufbar.

2., überarbeitete Auflage

BLV Buchverlag GmbH & Co. KG
80797 München

BLV Jagdpraxis

Umschlaggestaltung:
Studio Schübel, München
Titelfoto: Werner Nagel;
Rückseite: vom Verfasser
Lektorat: Gerhard Seilmeier
Herstellung: Hannelore Diehl
Layout-Konzeption:
Gaby Herbrecht, Mindelheim
Layout: Anton Walter, Gundelfingen
Satz: agentur walter, Gundelfingen

Gedruckt auf chlorfrei gebleichtem Papier

Printed in Italy
ISBN 978-3-8354-0305-5

Bildnachweis:
Illustration: Barbara von Damnitz Seite 6/7; Fotos: Fritz Meyer, Seite 49

alle übrigen Fotos vom Verfasser

Hinweis: Die grün gesetzten Überschriften verweisen auf Bildserien zum Versorgen des Wildes.

Vorwort

Jeder, der auf Schalenwild, Hase und Kanin oder auf Federwild waidwerkt, sollte sich von Beginn der Jagd an bewusst sein, dass er im Begriff ist, ein für den menschlichen Verzehr bestimmtes Lebensmittel zu gewinnen. Er sollte sich weiterhin bewusst sein, das die überwiegende Zahl des zu erlegenden Wildes von Natur aus ein qualitativ hochwertiges Wildfleisch liefert. Ob dies nach Beendigung der Jagd tatsächlich so ist, hängt von mehreren Faktoren ab:

- Art der Jagd (Gesellschafts- oder Einzeljagd),
- Zustand des beschossenen Wildes vor dem Schuss (vertraut äsend oder anwechselnd, flott anwechselnd oder hochgradig gestresst vor dem Hunde flüchtend),
- Treffpunktlage des Schusses (Kammer-, Waidwund-, Lauf- oder Keulenschuss),
- Verhalten nach dem Schuss (am Anschuss oder nach kurzer Flucht verendend, angeschweißt flüchtend und Stunden später auf der Nachsuche erlegt oder verendet aufgefunden),
- Zeitpunkt und Art und Weise des Versorgens des erlegten Wildes (kurzfristig oder Stunden nach dem Verenden, am Erlegungsort, an zentraler Stelle im Revier oder in einer Wildkammer, Aufbrechmethode),
- Transport und Behandlung des Wildes (einzeln oder übereinandergelegt, Verbringen in die Kühlkammer),
- Fleischreifung (ungenügend, mittelmäßig, ausreichend, gut).

Wer jagt und damit Wildbret als Lebensmittel gewinnt, der sollte nicht nur über die aus den vorgenannten Fakten sich ergebenden Folgerungen bestens Bescheid

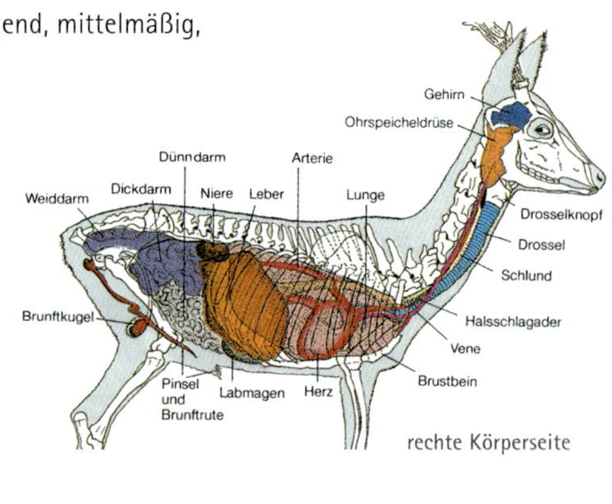

rechte Körperseite

wissen, sondern auch die rechtlichen Vorschriften im Bereich Lebensmittelhygiene kennen. Insbesondere jene, die spezifische Hygienevorschriften für Lebensmittel tierischen Ursprungs und damit auch für Wild beinhalten. In diesem Zusammenhang ist es wichtig zu wissen, dass mit dem Inkrafttreten der EU-Verordnungen zur Lebensmittelhygiene (1. Januar 2005 bzw. 1. Januar 2006), dem Lebensmittel- und Futtermittelgesetzbuch (LFGB, 1. September 2005) und den nationalen Lebensmittelhygiene-Verordnungen (LMHV und Tier-LMHV, 2007) es das bisherige nationale Fleischhygiene- und Geflügelfleischhygienegesetz nebst den zugehörigen Verordnungen nicht mehr gibt. Vom Zeitpunkt der Anwendung der EG-Verordnungen zur Lebensmittelhygiene gibt es auch keine das Lebensmittel Wild betreffende EG-Richtlinie (z. B. 92/45/EWG) mehr. Dies ist ein wesentlicher rechtlicher Unterschied gegenüber früher: konnte eine EG-Richtlinie bei ihrer nationalen Umsetzung durch Regierung und Parlament modifiziert und ausgestaltet werden, geht dies bei einer EG-Verordnung nicht mehr. Sie ist in jedem Mitgliedstaat der Europäischen Union, ohne wenn und aber, verbindliches Gesetz. Damit sind im gesamten EU-Bereich ein hohes Maß an Rechtsgleichheit und ein verbindlicher Verbraucherschutz festgeschrieben.
Hintergründe zu erläutern, jagdhandwerkliche Fähigkeiten einerseits und Kenntnisse in den das Lebensmittel Wild betreffenden Rechtsvorschriften andererseits zu vermitteln, ist Zweck dieses Buches. Wer sich die Inhalte der einzelnen Kapitel aneignet, der dürfte ausreichend unterrichtet sein, um eine Prüfung seiner Kenntnisse in Wildbrethygiene durch das für die Lebensmittelüberwachung zuständige Veterinäramt zu bestehen und den Status »kundige Person« im Sinne der Verordnung (EG) Nr. 853/2004 zu erwerben.

Olgierd E. J. Graf Kujawski

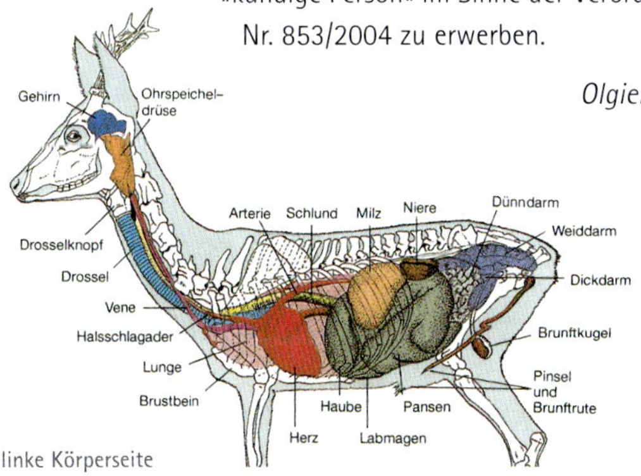

linke Körperseite

Die inneren Organe des wiederkäuenden Schalenwildes (linke und rechte Körperseite des Rehbocks).

Rechtliche Bestimmungen

Es sind mehrere EG- und nationalstaatliche Verordnungen, die den Jäger, insbesondere als Revierinhaber und Jagdausübungsberechtiger, in Sachen Wild und Wildbret in die Verantwortung nehmen. Im übertragenen Sinne als **Grundgesetz** im Bereich **Lebensmittel** ist die Verordnung (EG) 178/2002 **»Lebensmittelsicherheit«** anzusehen. Sie gilt ohne Abstriche seit dem 1. Januar 2005 in der gesamten EU und damit auch in Deutschland. In ihren verschiedenen Artikeln setzt sie für Jagd und Jäger Maßstäbe, die – bis auf eine Ausnahme (eigener Verbrauch) – für das Inverkehrbringen von Wild und Wildfleisch verbindlich sind. So erklären Kapitel I Artikel 3 Absätze Nr. 2, 3 und 17 den Wild erjagenden und veräußernden Revierinhaber als **Lebensmittelunternehmer** mit **Primärproduktion** (siehe Anhang, Seite 105). Für den Revierinhaber als in diese Verordnung eingebundenen **Lebensmittelunternehmer** bedeutet dies, dass ihm die Verantwortung für die Sicherheit des Lebensmittel »Wild« obliegt. Diese Verantwortung erstreckt sich auch auf die in seinem Lebensmittelunternehmen (Jagdrevier) tätigen Personen (Jäger) und auf deren Verhaltensweisen und Fertigkeiten bei der Erlegung und Versorgung des für den menschlichen Verzehr bestimmten Lebensmittel Wild (Artikel 17, Absatz 1). So dürfen Lebensmittel, die nicht sicher sind, nicht in den Verkehr gebracht werden (Artikel 14, Absatz 1). Als nicht sicher gilt ein Lebensmittel, das gesundheitsschädlich oder für den Verzehr ungeeignet ist (Artikel 14 Absatz 2 in Verbindung mit Absatz 5 der Verordnung). Wer gegen diese Vorgabe verstößt, der begeht eine Straftat (§ 58 Absatz 2 Nr. 1 bzw. § 59 Absatz 2 Nr. 1 des Lebensmittel- und Futtermittelgesetzbuches). **Dabei ist es unerheblich, ob das Wild direkt vermarktet oder an einen zugelassenen Wildbearbeitungsbetrieb abgegeben wird.** Als Strafe drohen Freiheitsentzug bis zu drei Jahren bzw. einem Jahr. Hinweis: von dieser Verantwortung als Lebensmittelunternehmer ist der Revierinhaber auch dann nicht entbunden, wenn er Wild und Wildfleisch außerhalb der Zuständigkeit der Verordnungen (EG) Nr. 852/2004 und Nr. 853/2004) direkt an Endverbraucher oder den Einzelhandel (Wildeinzelhandel, Metzgereien, Gastronomie) veräußert.
Da der Verordnungsgeber größten Wert auf die Rückverfolgbarkeit von Lebensmitteln legt (Artikel 18, Absatz 1 und Absatz 3) ist auch der Revierinhaber als Lebensmittelunternehmer verpflichtet, sofern er Wild in Decke, Schwarte

Hinweis: von dieser Verantwortung als Lebensmittelunternehmer ist der Revierinhaber auch dann nicht entbunden, wenn er Wild und Wildfleisch außerhalb der Zuständigkeit der Verordnungen (EG) Nr. 852/2004 und Nr. 853/2004 direkt an Endverbraucher oder den Einzelhandel (Wildeinzelhandel, Metzgereien, Gastronomie) veräußert.

oder Balg an zugelassene Wildbearbeitungsbetriebe oder Wild und Wildteile an den Wildeinzelhandel (z. B. Metzgereien und Gastronomie) veräußert, dies in einem Wildverkaufsbuch aufzuzeichnen. Die zuständige Behörde hat das Recht, dieses jederzeit einzusehen. Über die vorgenannten Bestimmungen hinaus sollte sich der Jäger, insbesondere der Revierinhaber, auch mit den seine Tätigkeit als Lebensmittelunternehmer und Primärerzeuger betreffenden Vorschriften der Verordnung (EG) Nr. 852/2004 **»Lebensmittelhygiene«** und der Verordnung (EG) Nr. 853/2004 **»Spezifische Hygienevorschriften für Lebensmittel tierischen Ursprungs«** vertraut machen. Wenn auch die Abgabe erlegten Wildes im Haar- oder Federkleid (Primärerzeugnis) in kleinen Mengen an Endverbraucher oder an lokale Einzelhandelsgeschäfte zur Weitergabe an den Endverbraucher aus dem Geltungsbereich beider Verordnungen herausfällt (Artikel 1 Absatz 2 Buchstabe c der Verordnung (EG) Nr. 852/2004 bzw. Artikel 1 Absatz 3 Buchstaben c und e der Verordnung (EG) Nr. 853/2004), verbleibt die Gewinnung und Vermarktung von Wildeinzelteilen (kein Primärerzeugnis mehr!) im Regelungsbereich der Verordnung (EG) 852/2004. Beide Verordnungen wirken sich auch auf die nationale Ver-

Hinweis: zum Zeitpunkt der Drucklegung dieses Werkes galt als »kleine Menge«, definiert vom Bundesministerium für Ernährung, Landwirtschaft und Verbraucherschutz (BMELV) im Einvernehmen mit den zuständigen Landesbehörden, die Strecke eines Jagdtages *(auch wenn 30, 50 und mehr Stücke Schalenwild im Rahmen einer Drückjagd oder 50, 100 und mehr Hasen, Fasane oder Enten im Rahmen einer Treibjagd erlegt werden).*
Unter »lokalen Einzelhandelsgeschäften« sind nach Definition der gleichen Behörden Wildeinzelhändler, Metzgereien und Gaststätten zu verstehen, die sich in lokaler Nähe zum Revier oder zum Wohnort des Jägers befinden (auch wenn dieser mehrere Autostunden vom Revier entfernt ist).

ordnung zur Regelung der Direktvermarktung von Wild aus. Schließlich, so bestimmen es beide vorgenannten Verordnungen, ist der nationale Gesetzgeber verpflichtet, für den Bereich Direktvermarktung und die damit befassten Personen Vorschriften zu erlassen, die gewährleisten, dass die Ziele der Verordnungen (Lebensmittelsicherheit und Lebensmittelhygiene) auch erreicht werden (852/2004: Artikel 1 Absatz 3 bzw. 853/2004: Artikel 1 Absatz 4).

Kundige Person

In der Verordnung (EG) Nr. 853/2004 wird im Anhang III Abschnitt IV die Ausbildung der Jäger in Gesundheits- und Hygienefragen gefordert. Gleichzeitig wird ein Katalog an zu erlernenden und abzufragenden Kenntnissen aufgelistet. Diese Kenntnisse hat die zuständige Behörde (Veterinäramt) im Einzelfall zu überprüfen, bevor sie den betreffenden Jäger als »kundige Person«

Diese Schwarzkittel und ihre inneren Organe müssen auf bedenkliche Merkmale untersucht werden. Sind keine solchen Merkmale feststellbar und bleibt die Untersuchung auf Trichinen ohne Befund, können die Stücke verwertet werden.

im Sinne dieser Verordnung qualifiziert. Die Annahme, eine bestandene Jägerprüfung allein reiche dafür aus, um im Sinne der Verordnung als kundige Person zu gelten, ist irrig. Dies schon deswegen, weil die »kundige Person« über Kenntnisse der Rechts- und Verwaltungsvorschriften auf dem Gebiet der Gesundheit von Mensch und Tier und auf hygienerechtlichem Gebiet, die für das Inverkehrbringen von Wildbret von Belang sind, verfügen muss. Hierzu zählen insbesondere auch die ab 1. Januar 2006 geltenden EG-Verordnungen, deren für Jagd und Jäger wesentliche Passagen durch Nachschulungen vermittelt werden müssen. Schließlich nimmt die »kundige Person« im Jagdbetrieb eine gleichwertige Stellung wie der »amtliche Fachassistent« in der Lebensmittelhygiene ein. Im Jagdbetrieb muss die »kundige Person« aufgrund erworbener Kenntnisse bei der Beurteilung erlegten Wildes in der Lage sein, zu entscheiden, ob Fleisch für genussuntauglich zu erklären ist oder nicht. Die »kundige Person« handelt hier sozusagen stellvertretend für den amtlichen Tierarzt.

Das erklärt der amtliche Tierarzt als genussuntauglich

In der Verordnung (EG) Nr. 854/2004 werden im Abschnitt IV **Spezifische Vorschriften,** Kapitel VIII **Frei lebendes Wild** alle jene Merkmale aufgelistet, bei deren Vorliegen der amtliche Tierarzt das Fleisch für genussuntauglich zu erklären hat. Dies wären

- vor dem Erlegen erkennbare abnorme Verhaltensweisen und Störungen des Allgemeinbefindens (z. B. verschmutzter Spiegel aufgrund von Durchfall);
- generalisierte Tumore oder Abszesse, wenn sie in verschiedenen inneren Organen oder in der Muskulatur vorkommen;
- Gelenkentzündung (Arthritis), Hodenentzündung (Orchitis), krankhafte Veränderungen der Leber oder Milz, Darm- und Nabelentzündungen;
- nicht von der Jagd herrührende Fremdkörper in Leibeshöhlen, im Magen, im Darm und Harn, sofern Brust- oder Bauchfell verfärbt sind;
- Parasitenbefall (Hinweis: *gemeint sind hier nicht die Hirschlaus, Lungenwurm, Leberegel etc., sondern sich im Fleisch befindende Trichinen, Bandwurmfinnen, Zysten von Sarkosporidien u. ä.*);
- übermäßige Gasbildung im Magen- und Darmtrakt mit Verfärbung der inneren Organe (Hinweis: *stets gegeben a) bei Hasen und Kanin, die un-*

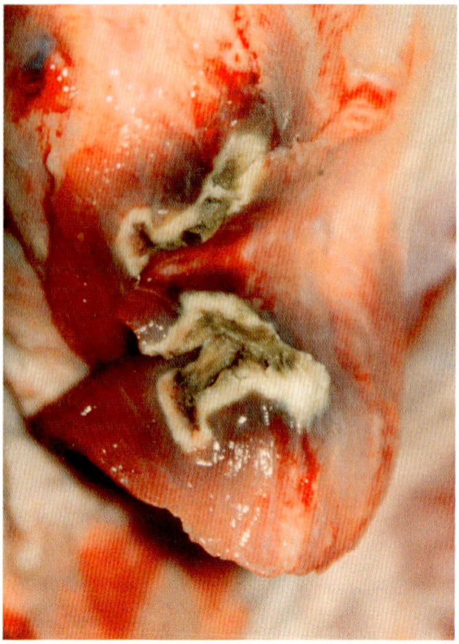

Abszess im Unterhautgewebe eines Stückes Schwarzwild. Folge eines Kugelsplitters.

gekühlt – Kerntemperatur 4 °C – länger als zwölf Stunden unausgeweidet bleiben, b) bei Schalenwild, das verendet über mehrere Stunden – z. B. über Nacht – unausgeweidet gelegen hat);

- erhebliche Abweichungen der Muskulatur oder der Organe in Farbe; Konsistenz oder Geruch *(Hinweis:* rauschige Keiler sind genussuntauglich!)
- alte offene Knochenbrüche;
- Auszehrung (Kachexie) und oder generalisierte oder lokalisierte Schwellungen/Geschwülste (Ödeme);
- frische Verklebungen oder Verwachsungen mit Brust- oder Bauchfell, oder
- sonstige auffällige und großflächige Veränderungen wie beispielsweise Verwesung (aber auch Verhitzen);

und nach Abschnitt II Kapitel V:

- Abmagerung *(untergewichtige Stücke!);*
- Verunreinigungen oder Verschmutzungen durch Fäkalien oder sonstige Kontaminationen *(stets bei Weidwundschüssen und bei Verschmutzung u. a. durch Laub, Erde und Tannennadeln gegeben).*

Bei Wild, das eines der vorgenannten Merkmale aufweist und an einen Wildbearbeitungsbetrieb geliefert wird, muss der amtliche Tierarzt das Fleisch für genussuntauglich erklären! (Kapitel VIII, Buchstaben A und B).

Die kundige Person muss dies wissen, um bereits bei der Begutachtung im Revier gleichwertig entscheiden zu können. Insbesondere auch dann, wenn das Wild direkt vermarktet werden soll.

Art der Jagd und Zustand des Wildes

»Bei der Wahl der Jagdart beginnt die Wildbrethygiene, ob uns das gefällt oder nicht«, postulierte im November 1994 der damalige Leiter des staatlichen Amtes für Lebensmittelüberwachung, Tierschutz und Veterinärwesen in Marburg, Veterinärdirektor Dr. Wolfgang Krug. Dies zu recht! Bei Drückjagden beschossenes und erlegtes Wild befindet sich in einer außerhalb der Normalität liegenden Situation. Es ist beunruhigt, flüchtet vor Treiber und Hund und hat – so es denn mit gutem Schuss zur Strecke kommt – ein qualitativ gegenüber dem Normalzustand negativ verändertes Wildbret. Der Grund: das für eine gute Fleischreifung wichtige, in der Muskulatur eingelagerte Glykogen wurde durch Stress (Adrenalinschock) und Flucht rapide abgebaut. Die Folge ist eine ungenügende Fleischreifung, die selbst das Wildbret junger Stücke bei der Zubereitung zäh sein lässt. Hinzu kommt in vielen Fällen, dass die Schüsse auf das flüchtig, oft mit hechelndem Lecker anwechselnde Stück schlecht platziert sind: mitten auf dem Wildkörper (waidwund), im Rückgrat, auf der Keule oder auf dem Lauf. Nachschüsse mit Zerstörung weiteren ursprünglich wertvollen Wildbrets und oft langwierige Nachsuchen sind die Folge und das Ergebnis solcher Gesellschaftsjagden. Wissend um die mangelhafte Qualität auf Treib- und Drückjagden sowie auf Nachsuchen erlegten Wildes lehnen immer mehr einer hohen Lebensmittelqualität sich verpflichtet fühlende Wildbearbeitungsbetriebe (Wildgroßhandel) dessen Ankauf zur Weitervermarktung ab bzw. zahlen Preise dafür, die weit unter den Erwartungen des Anbieters liegen.

Wird ungestresstes Wild dagegen auf der Einzeljagd gleich, ob Ansitz oder Pirsch mit gutem Schuss erlegt, ist die erste Voraussetzung für ein qualitativ hochwertiges und damit wertvolles Wildbret gegeben. Wird es jedoch krank geschossen, dann mindert jeder Meter Flucht die Fleischqualität bis hin zur Nichtverzehrfähigkeit. Wer meint, dies alles sei nicht so tragisch und vernachlässigbar, der verkennt seine Verantwortung sowohl gegenüber dem Tier (Tierschutzgesetz: schmerzfrei und ohne großes Leiden töten) als auch gegenüber dem Verbraucher als Konsument des Lebensmittel Wild.

Treffpunktlage und Verhalten nach dem Schuss

Der beste Schuss ist der auf den Trägeransatz bzw. in die Kammer (Brusthöhle). Dabei werden große Blutgefäße eröffnet und das Stück schweißt relativ gut aus. Je weniger Blut sich in den Adern und in der Muskulatur befindet, desto günstiger wirkt sich das auf die Haltbarkeit des Wildbrets aus. Wird das Wild dagegen weidwund, d.h. ins große (Pansen, Magen) oder kleine Gescheide (Därme) getroffen, dann geschieht folgendes: durch den Schuss werden Bakterien aus dem Magen- und Darmbereich in hoher Zahl in die durch Schusswirkung in der Bauchhöhle aufgerissenen Blutgefäße eingeschwemmt und durch den noch funktionierenden Kreislauf innerhalb von Sekunden im gesamten Wildkörper umverteilt. In wissenschaftlichen

Bei diesem weidwund getroffenem Stück Rehwild muss nach dem Aufbrechen die Bauchhöhle so schnell wie möglich mit Trinkwasser gereinigt werden, sonst wüten die Bakterien.

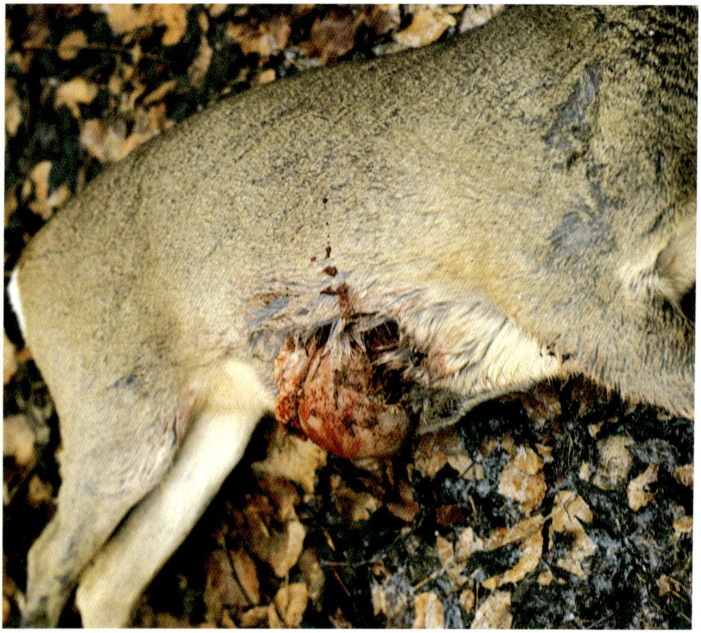

Arbeiten wurden diese darm- und magentypischen Erreger in der Vorderlaufmuskulatur, im Trägerwildbret, in der Rücken- und in der Keulenmuskulatur nachgewiesen. Das Fatale daran: die eingeschwemmten Bakterien vermehren sich innerhalb der nachfolgenden Stunden zum Teil explosionsartig, da der Wildkörper zum Zeitpunkt des Erlegens eine Eigentemperatur zwischen 37 °C und 40 °C aufweist und nur langsam auskühlt (siehe auch Kapitel Bakterien). Der Grad der bakteriellen Belastung ist mit bloßem Auge nicht erkennbar und lässt sich nur durch eine bakteriologische Untersuchung ermitteln. Einen Hinweis auf eine hochgradige Belastung mit Keimen vermag die Koch- oder Bratprobe zu liefern. Sie fußt auf der Tatsache, dass Bakterien über einen eigenen Stoffwechsel verfügen, die Stoffwechselprodukte sich in der Muskulatur anlagern und den Geruch (urinös) und Geschmack (leberartig) des Wildbrets negativ beeinflussen. Feststellbar, wenn ein Stück Wildbret in wenig kaltem Wasser angesetzt und aufgekocht oder in heißem Fett angebraten wird.

Dieser Rehbock hatte bei seiner Erlegung bereits einen alten Laufschuss.
Die bakteriologische Untersuchung des Wildbrets ergab: es ist nicht verwertbar.

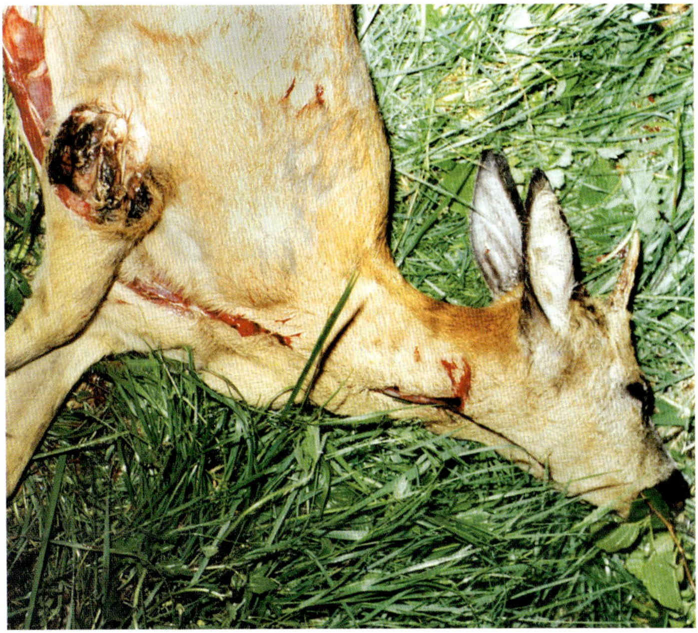

Wildbret von weidwund geschossenem Schalenwild ist qualitativ minderwertig, umso mehr wenn das Stück nach dem Schuss noch über eine längere Strecke geflüchtet und ins Wundbett gezogen ist. Wird es hier nach längerer Zeit verendet aufgefunden oder Stunden nach dem Anschweißen auf der Nachsuche zur Strecke gebracht, sind weitere die Wildbretqualität mindernde Faktoren hinzugekommen: durch die Verwundung verursachtes hohes Fieber mit Temperaturen bis 44 °C und damit einhergehend eine rasante Keimvermehrung. Außerdem ist die Gefahr des Verhitzens gegeben sowie der nahezu völlige Verlust des muskeleigenen Glykogens. Eine normale, die Qualität des Wildbrets positiv beeinflussende Fleischreifung ist nicht mehr möglich. Wildbret derartiger Stücke, das zudem mit Millionen von Erregern pro Gramm Fleisch belastet ist, ist aus lebensmittelhygienischer Sicht nicht verkehrsfähig, d. h. es darf nicht an Dritte abgegeben werden. Ob es noch im eigenen Haushalt verwertet wird, sollte gut überlegt sein. Wird dagegen das weidwund geschossene Stück innerhalb von 30 Minuten nach dem Schuss zur Strecke gebracht, sofort ausgeweidet, die Bauchhöhle gegebenenfalls mit Trinkwasser ausgespült und nachfolgend in eine Kühlung verbracht, können die sich negativ auswirkenden Prozesse verlangsamt und ab einer Kerntemperatur von 7 °C sogar gestoppt werden. Das Wildbret ist dann zwar qualitativ nicht optimal, jedoch verkehrs- und verzehrfähig.
Lauf- und Keulenschüsse sind mit das Übelste, was im jagdlichen Betrieb passieren kann. Sie bedingen langwierige, oft über Stunden wenn nicht Tage gehende Nachsuchen und führen, wenn sie erfolgreich waren, letztlich zu einem Stück, dessen Wildbret als für den Verzehr überaus bedenklich zu bewerten ist. Streng genommen gehört es in eine Tierkörperbeseitigungsanstalt. Der Grund: über die Schusswunde sind eine Fülle unterschiedlicher, aus dem Boden stammender Bakterien in den Wildkörper gelangt. Darunter auch Erreger, deren Stoffwechselprodukte toxisch (giftig) sind. Man sieht sie nicht, man schmeckt sie nicht, doch ihre Wirkung kann für den Esser solchen Wildbrets letztlich tödlich sein. Ansonsten sind all die negativen Fakten, wie beim Weidwundschuss dargestellt, gegeben.

Zeitpunkt und Art des Versorgens

Was bei Schlachtvieh, das nach dem Töten längere Zeit unausgeweidet bleibt, zu einer bakteriologischen Untersuchung und gegebenenfalls im Anschluss daran zum Aussondern der betroffenen Tiere aus der Verwertung führt, wird bei jagdbaren Wildtieren großzügig toleriert: das unausgeweidet Liegenlassen des erlegten Wildes bis zu drei Stunden und länger, wie bei Drückjagden immer wieder zu beobachten ist. Unabhängig von der Treffpunktlage geschieht binnen kürzester Zeit nach dem Verenden folgendes: die Magen-/Darmbarriere bricht zusammen, die im Magen-/Darmbereich sich befindenden Erreger siedeln sich im umliegenden Wildbret an und durchwandern dieses in relativ kurzer Zeit bei gleichzeitiger Vermehrung (Verdoppelung der Keimzahl ca. alle 20 Minuten, siehe auch Kapitel »Keimbelastung«).

Rechts: Ist die Leistung des Kühlaggregates richtig gewählt, dann werden auch mehrere gleichzeitig in die Kühlung gehängte Stücke Wild ausreichend schnell auf eine Kerntemperatur von sieben Grad heruntergekühlt.

Unten: Wer nur wenige Stücke Schalenwild im Jahr zu versorgen hat, der kommt mit einer kleinen Kühlzelle aus. Deren Anschaffung lohnt sich aber allemal.

In Dämmerung oder Dunkelheit Wild zu versorgen, erfordert ausreichend Licht. Bewährt haben sich LED-Stirnlampen, die das Arbeiten mit beiden Händen ermöglichen.

Mit einer der Gründe, dass sowohl in der Verordnung (EG) 853/2004 **(nach dem Erlegen des frei lebenden Großwildes, gemeint ist hier Schalenwild, müssen Mägen und Gedärme so bald wie möglich entfernt werden)** als auch in der nationalen Verordnung **(erlegtes Haarwild ist unverzüglich aufzubrechen und auszuweiden)** eine dem Erlegen zeitnahe Versorgung gefordert wird.
Es gehört zu den Ammenmärchen der Jagd, wenn behauptet wird, dass Wild, das nach Eintritt des Todes zwei Stunden und länger unausgeweidet liegen bleibt, keine qualitativen Einbußen erleidet und unbedenklich verwertet werden kann. Schließlich verlaufen auch beim Wild die physiologischen Prozesse wie bei den schlachtbaren Haustieren. Bei letzteren mit der Folge, dass ihre inneren Organe und die Muskulatur vom amtlichen Tierarzt vor der Freigabe für den menschlichen Verzehr (sofern überhaupt) einer umfassenden bakteriologischen Untersuchung unterzogen werden müssen.
Kritisch zu bewerten sind in diesem zeitlichen Zusammenhang bei Gesellschaftsjagden gegebene Vorgaben, denen zufolge erlegtes Wild am Ende der Jagd unausgeweidet eingesammelt und zum Aufbrechen und Ausweiden an einen zentralen Ort verbracht wird. Einerseits verständlich, wenn man bedenkt, dass viele Jäger, insbesondere Jungjäger, ohne große jagdliche Praxis, aber auch mancher an der Zahl der Jagdscheine »alter Hase« das jagdpraktische Handwerk des Versorgens von Wild nicht oder nur ungenügend beherrschen. Da kann es durchaus sinnvoll und der Wildbretqualität förderlich sein, wenn im Versorgen von Wild und seiner lebensmittelhygienischen Bewertung erfahrene Jagdscheininhaber die erlegten Stücke an zentraler Stelle ausweiden. Gleiches gilt, wenn sich ein Revier im Schweinepestgebiet

befindet und alles vermieden werden muss, was geeignet ist, die Infektion zu verschleppen. Im Gegensatz dazu sollte, wann immer möglich, Schalenwild am Ort des Erlegens und nach gutem jagdlichen Brauch von seinem Erleger ausgeweidet werden. Keine Regel ohne Ausnahme: gibt es im Revier, z. B. an der Jagdhütte, einen Platz, der innerhalb weniger Minuten mit dem gestreckten Wild erreicht werden kann, dann kann das Versorgen dort erfolgen. Vor allem, wenn an diesem Platz auch ausreichend Licht und die Möglichkeit des Einsatzes von Trinkwasser zur Reinigung (z. B. einer mit Pansen-, Magen- oder Darminhalt verschmutzten Bauchhöhle) gegeben sind. Gutes Licht beim Aufbrechen und Ausweiden ist unabdingbar, um Anzeichen für den Verzehr des Wildbrets bedenklicher Merkmale an Organen und Gescheide feststellen zu können. Wer sein im letzten Büchsenlicht oder bei Mondlicht erlegtes Stück Schalenwild noch vor Ort zu versorgen hat, der ist, wie eigene Erfahrungen bestätigen, mit einer LED-Stirnlampe (siehe Foto) gut bedient. Was die Technik des Ausweidens anbetrifft, so wurden im Verlauf der letzten Jahrzehnte verschiedene, in unterschiedlichen Jagdregionen Europas bewährte wie neu erprobte Aufbrechmethoden publiziert und zur Nachahmung empfohlen. Die eine wie andere wird in diesem Werk bildmäßig dargestellt. Ob das Wild an den Hinterläufen aufgehängt, auf einem Aufbrechgestell platziert oder am Boden liegend ausgeweidet wird, ist letztlich unbedeutend, solange der Zweck erreicht wird: ein ohne Verletzung von Pansen/Magen, Darm und Blase sauber ausgeweidetes Stück Haarwild, das nachfolgend gut auskühlen kann. Zur guten Wildbrethygiene gehört es, dass beim Versorgen von Wild Einweghandschuhe (Latex) und, wann immer möglich, Einmalschürzen getragen werden. Das Erfordernis von Einweghandschuhen vermittelt ein in der Jungjägerausbildung in München tätiger Veterinärmediziner und Jäger seinen Jagdeleven mit folgendem Hinweis: nach längerem Ansitz oder Stehen (Drückjagd) entleert der Jäger erfahrungsgemäß erst seine angefüllte Blase, bevor er an das zu versorgende Stück Wild herantritt.
In Ermangelung entsprechender Gelegenheit unterbleibt das erforderliche Händewaschen. Man stelle sich vor, der das bestellte Gulasch zuschneidende Metzger hätte sich auf gleiche Weise Erleichterung verschafft ohne nachfolgend seine Hände gründlich zu reinigen. Handschuhe (und Schürze) schützen nicht nur vor Übertragung eigener Keime auf das Wild, sondern auch vor Infektion mit dem Wild eigenen Erregern. Insbesondere wenn ein Stück mit Weidwundschuss versorgt werden muss. Wer die Verwendung von

Einmalhandschuhen und Schürze als lachhaft und unwaidmännisch ansieht, der hat die Zeichen der Zeit und die Ernsthaftigkeit, mit der Wildbrethygiene betrieben werden muss, nicht erkannt. Und das sonstige Handwerkszeug? Ein scharfes Jagdmesser, am besten mit einer zusätzlichen, vorne stumpfen Aufbrechklinge und einer relativ dünnen, auf Druck und Zug arbeitenden Knochensäge sollte es schon sein. Gar mancher, der sich rühmte, nur mit der Messerklinge ein Stück Schalenwild aufbrechen und ausweiden zu können, knickte innerlich ein, wenn die Messerspitze unbeabsichtigt Darm, Pansen oder Magen anritzte und dessen unter Druck stehender Inhalt sich über Hände und Bauchhöhle ergoss, wo doch vorher alles sauber war. Safety first – Sicherheit zuerst, gilt auch hier.

Transport und Lagerung

So unterschiedlich wie die Jagdmethoden sind auch die Verfahren beim Transport von Wild – einmal vom Erlegungsort zum Transportfahrzeug, zum anderen aus dem Revierteil zur Wildkammer. Sofern vom Gewicht und der Geländebeschaffenheit möglich, sollte es bis zum Weg bzw. Fahrzeug getragen oder in einer gleitfähigen Wildwanne gezogen werden. Wenn sich dies nicht bewerkstelligen lässt, wird es mit dem Haupt voran in Rückenlage gezogen. Hierfür gibt es im Jagdfachhandel ausgezeichnete Zughilfen, mit denen sich selbst schweres Wild bewegen lässt. Im Gebirge wiederum werden Sack- bzw. Schubkarren ähnliche Bergehilfen eingesetzt. Wie auch immer der Transport bewerkstelligt wird, eins ist grundsätzlich zu beachten: Bauchhöhle und Wildbret dürfen dabei nicht mit Laub, Erde und Tannennadeln verschmutzt werden. Am Fahrzeug selbst findet sich das Wild auf einem vor dem Kühler montierten Gestell, auf einem am Wagenheck angebrachten Aufbau, im Kofferraum oder auf einem offenen Anhänger – gebräuchliche Verfahren, die jedoch nicht immer einer guten Wildbrethygiene gerecht werden. Das sich während der Fahrt vor dem Fahrzeug befindende Wild wird mit von vorausfahrenden Fahrzeugen aufgewirbeltem Staub und Auspuffgasen angeschmutzt. Gleiches geschieht bei auf einem Heckträger liegendem Wild aufgrund selbst erzeugter rückwirbelnder Staubfontänen und Auspuffgasen. Hiervor geschützt ist Wild, das im Kofferraum oder in einem Anhänger mit Abdeckplane transportiert wird. Ausgeweidetes und nicht ausgeweidetes Wild aufeinander gelegt zu transportieren, ist, selbst

Sie finden in jeder Tasche Platz und sind überaus hilfreich: Bergehilfen, die das Ziehen eines Wildkörpers wesentlich erleichtern.

über kurze Strecken, rechtlich unzulässig. Bei ausgeweidetem Wild führt dies zu einer Verschmutzung offener Fleischteile durch sich im Haar befindende Keime und Erdpartikel. Man denke nur an den Dreck, der in der Schwarte bzw. in der Decke eines Stückes Wild hängt, das gesuhlt hat oder über einen schlammigen Weg gezogen wurde. Bei unausgeweidetem Wild wird beim Übereinanderliegen das Verhitzen des Wildfleisches befördert. Heute sollte in jedem Revier oder beim Jäger selbst eine Kühlkammer verfügbar sein, in die erlegtes und ausgeweidetes Wild verbracht wird, um in angemessener Zeit auf eine Kerntemperatur von 7 °C (gemessen in der Keule) herunterzukühlen (siehe auch Kapitel »Kälteschock ergibt zähes Wildbret«). Mit Eintritt der Totenstarre beginnt die Fleischreifung, die mitentscheidend für die Genussfähigkeit des Wildbrets und die Entwicklung seines artspezifischen Aromas ist (siehe auch Kapitel »Fleischreifung«). Ein Verbleiben des Wildes in Decke oder Schwarte über die Beendigung der Fleischreifung hinaus in der Kühlkammer ist unbedenklich. In den temperatur- und feuchtigkeitskontrollierten Kühlhäusern und Transportfahrzeugen des international tätigen Wildhandels war bis zum 31. Dezember 2005 eine temperaturabhängige Lager- und Transportzeit von 5 Tagen bis 15 Tage nach dem Erlegen gesetzlich zulässig. Im privaten Bereich sollte man nicht ohne Not nicht über acht Tage hinausgehen. Die Frage, ob das Wild ohne Haarkleid oder mit Haarkleid in die Kühlung gehängt werden soll, ist leicht zu beantworten: das Wildbret eines aus-der-Decke-geschlagenen oder abgeschwarteten Wildkörpers trocknet in der Kühlung aus, bekommt eine leder/pergamentartige Oberfläche und verfärbt sich ins dunkle.

(gilt auch für anderes Schalenwild, zum Beispiel, Gams, Muffel, Rot-, Dam- und Sikawild)

Im Interesse einer optimalen Gewinnung des Lebensmittel Wild ist dieses nach dem Erlegen unverzüglich zu versorgen. Immer mehr angewendet wird dabei die skandinavisch/osteuropäische Aufbrechmethode, die auch in den Alpen, insbesondere in Österreich, üblich ist. Hierbei wird das Schloss nicht geöffnet. Vorteil: das Wildbret im Keulenbereich liegt nicht offen, trocknet nicht aus und wird nicht mit Erregern kontaminiert. Beim Zurichten der Keulen für die Küche brauchen diese Partien nicht weggeschnitten zu werden. Das bringt bei Rehwild einen Gewinn von ca. 60 bis 100 Gramm Keulenfleisch, bei stärkerem Schalenwild sogar bis zu 500 Gramm.

Das sollte man immer dabei haben, wenn's raus ins Revier geht: Latexhandschuhe, Messer mit Aufbrechklinge und Säge, Aufbrechzange, Plastikbeutel und – natürlich Waidmannsheil.

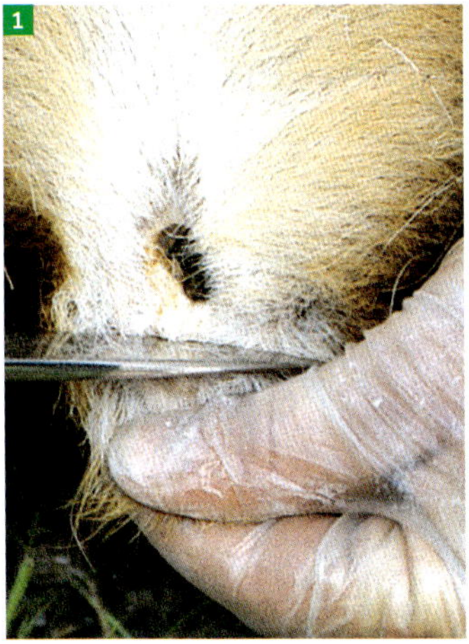

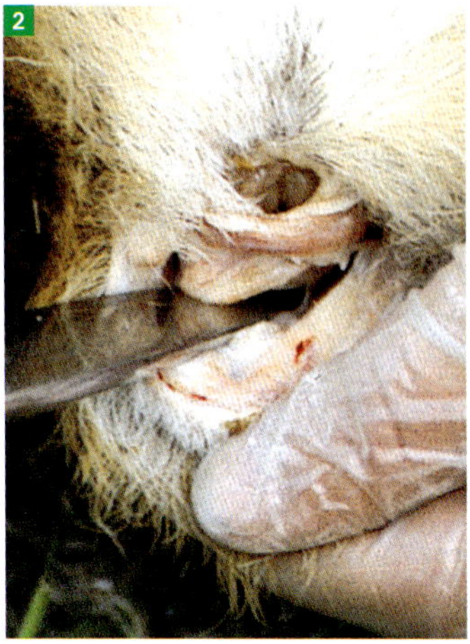

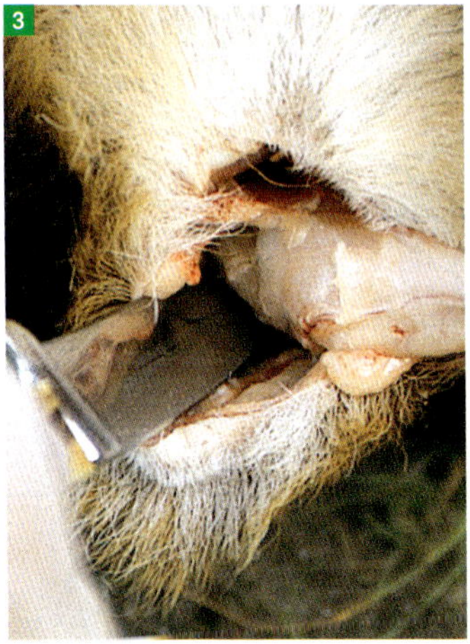

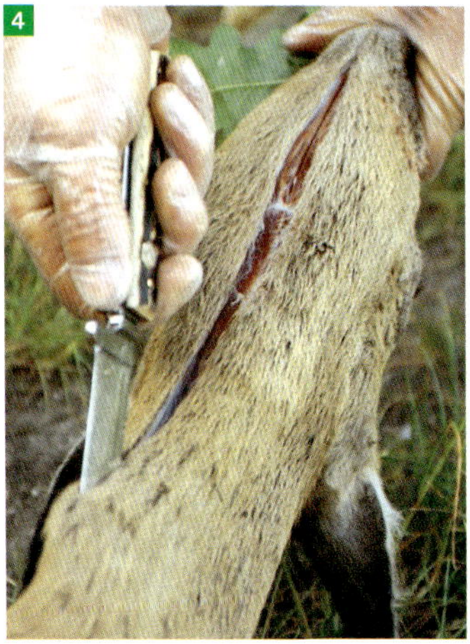

1 Unterhalb des Kreuzbeines (Wedel) und oberhalb des Weidloches einen Querschnitt schneiden.

2 Mit der Messerspitze das Ende des Enddarmes zuerst halbbogenförmig, dann kreisförmig umschneiden.

3 Das Enddarmende mit einer Hand fassen und mit dem Messer die im Schloss verbindenden Häute lösen.

4 Vom Kinnwinkel entlang der Unterseite des Trägers die Decke bis über das Brustbein aufschärfen.

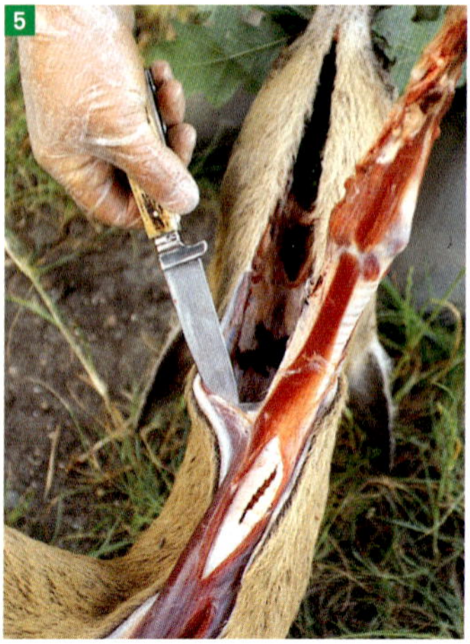

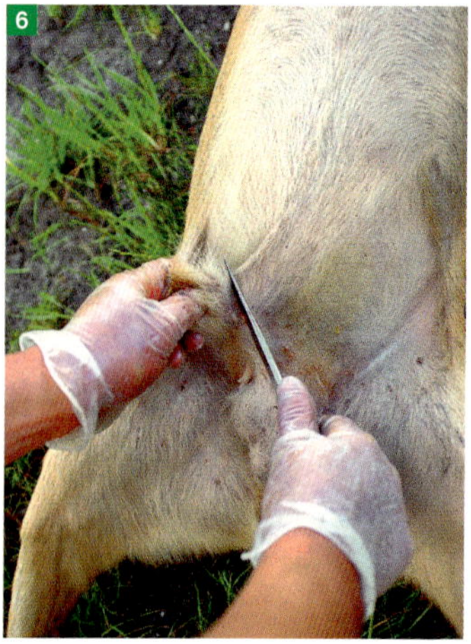

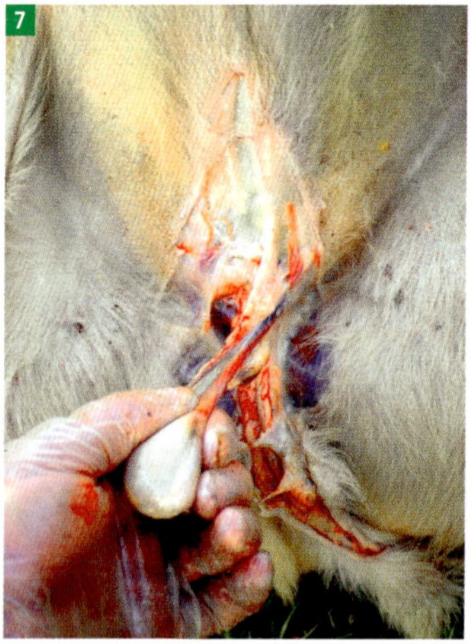

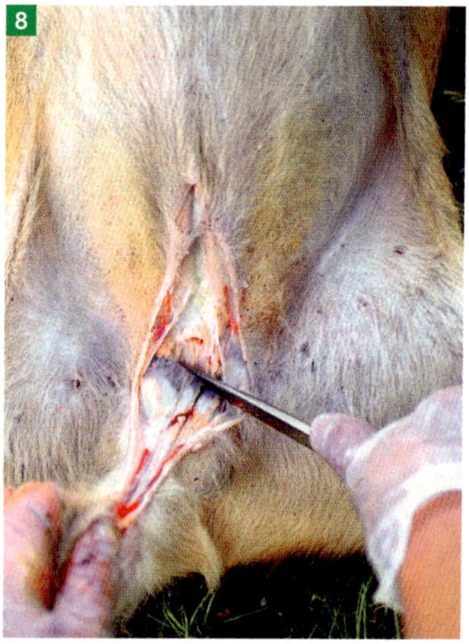

5 Den Lecker auslösen. Die anhängende Drossel und den Schlund vom Träger bis zum Brustbein lösen.

6 Den Pinsel fassen und die gespannte Decke nach rückwärts über den Brunftkugeln durchschärfen.

7 Die freigelegten Brunftkugeln fassen und einzeln mit dem Samenstrang vom Körper abziehen.

8 Den Pinsel fassen und zusammen mit der anhängenden Decke auf Höhe des Schlosses abschärfen.

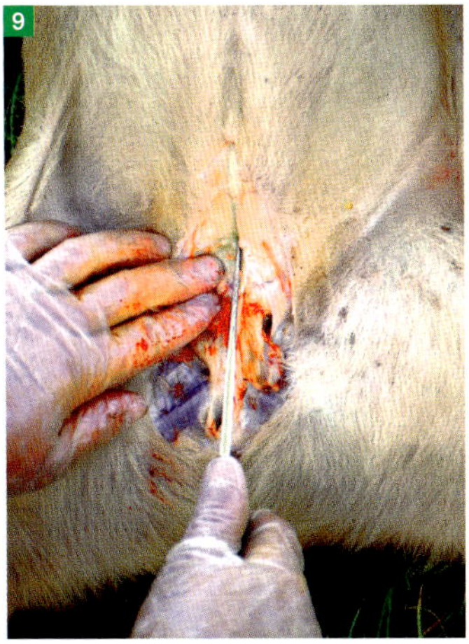

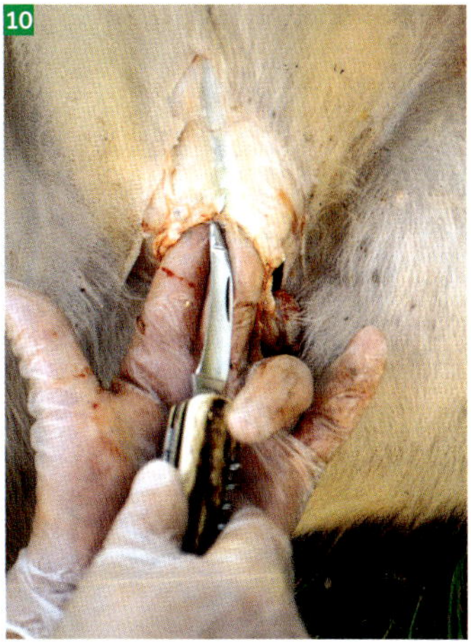

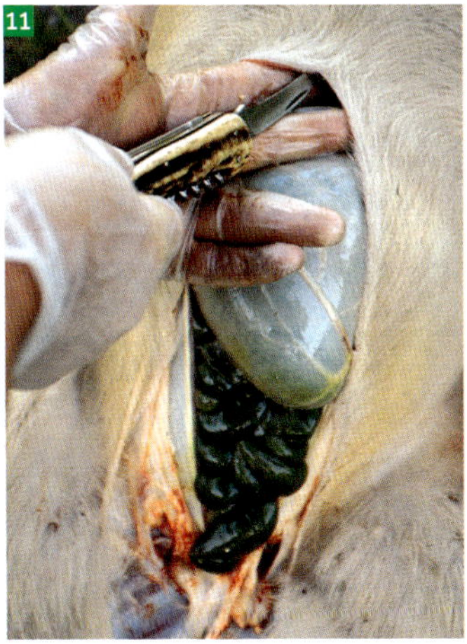

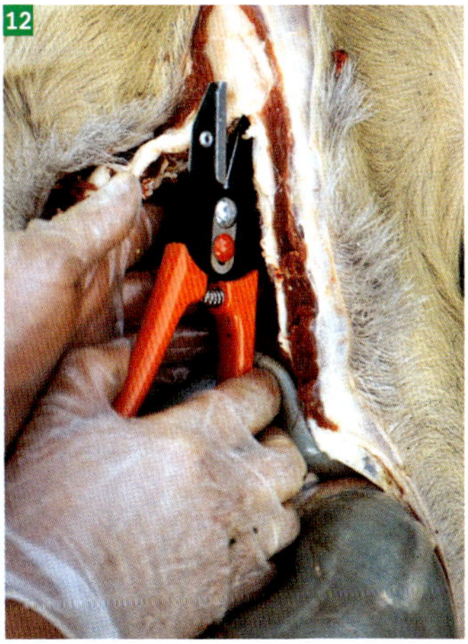

9 Oberhalb des Schlosses die Bauchdecke, ohne den Darm zu verletzen, mit kleinem Schnitt öffnen.

10 Mit zwei Fingern die Öffnung spreizen und mit der Aufbrechklinge die Bauchdecke aufschärfen.

11 Mit den Fingern das nach oben drückende Gescheide in der Bauchhöhle halten.

12 Das Brustbein mit Aufbrechzange, Säge oder Messerklinge in voller Länge bis zum Träger auftrennen.

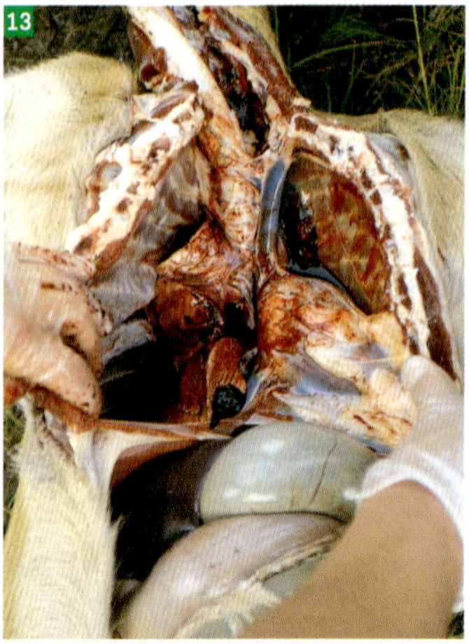

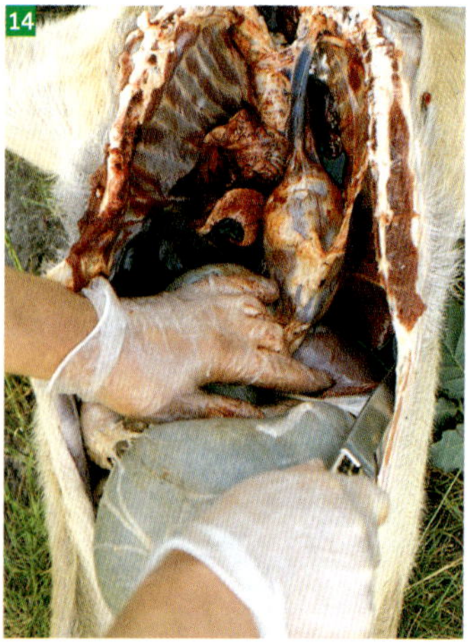

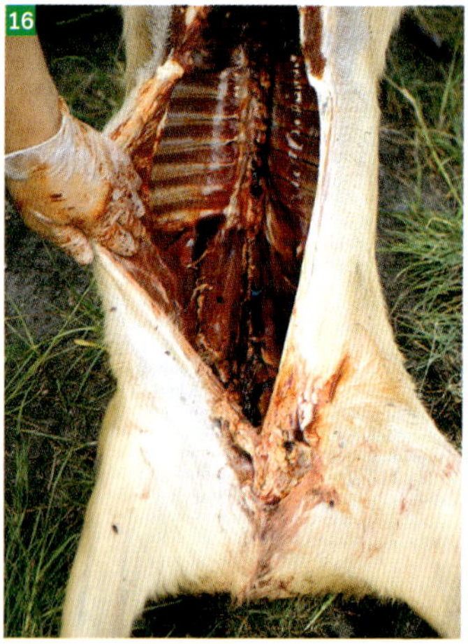

13 Die Brusthälften auseinanderdrücken, so dass die Brustorgane offen vor einem liegen.

14 Alle an Drossel/Schlund haftenden Häute durchtrennen. Das Zwerchfell beidseitig einschneiden.

15 Drossel/Schlund fassen und mit Brustorganen, Gescheide, Weiddarm und Blase in einem Zug herausziehen.

16 Das ausgeweidete Stück Rehwild. Im Wildkörper verbliebener Schweiß fließt durch die Beckenöffnung ab.

Darauf sollte man achten! Bedenkliche Merkmale beim Versorgen von Wild

Fleisch von jagdbaren Wildtieren gilt allgemein als hochwertiges und wertvolles Lebensmittel. Stets dann gewährleistet, wenn das Tier, von dem es stammt, gesund war und sein Fleisch hygienisch einwandfrei gewonnen wurde. Hygienisch handelt nach internationaler Definition derjenige, der alle Vorkehrungen und Maßnahmen trifft, die bei der Herstellung, Behandlung, Lagerung, Verkauf und Verarbeitung von Lebensmitteln notwendig sind, um ein einwandfreies, weitgehend keimfreies, die Gesundheit des Verbrauchers nicht gefährdendes Lebensmittel zu gewinnen. Vom Jagdscheininhaber erwartet der Gesetzgeber, insbesondere aber der Verbraucher, dass er sich seiner Verantwortung als Lieferant des Lebensmittels Wildfleisch immer bewusst und firm im Erkennen und Beurteilen von für den Verzehr des Wildfleisches »bedenklichen Merkmalen« ist.

Erlegungsumstände

Bereits beim Herantreten an das zur Strecke gekommene Wild muss der um eine hohe Qualität des Wildfleisches besorgte Jäger die Umstände der Erlegung bedenken. Dabei ergeben sich folgende Fragen:

- War das Wild vor dem Erlegen ausreichend lange zu beobachten, um beim Ziehen und Äsen eine mögliche gesundheitliche Beeinträchtigung erkennen zu können?
- Gab es hierfür keine Zeit, da es in der Flucht beschossen wurde?
- Hat sich mehr unbewusst als bewusst vor oder nach dem Schuss beim Erleger das Gefühl eingestellt, »mit dem Stück stimmt irgendetwas nicht!?"
- Ist es das Opfer eines Zusammenstoßes mit einem Kraftfahrzeug?
- Wurde es von einem Hund gegriffen und abgetan?

Wildkörper

Weitere vor dem Versorgen des Stückes zu treffende Feststellungen:

- Wurde das Stück angeschweißt und erst mehr als zwei Stunden nach dem Schuss auf der Nachsuche verendet aufgefunden?
- Wurde das Stück auf der Nachsuche gehetzt und erst Stunden nach der zugefügten Verletzung vor dem Hunde zur Strecke gebracht?
- Weist der Wildkörper außer den eigenen Schussverletzungen andere Verletzungen oder ungewöhnliche Verdickungen im Bereich der Gelenke und der Muskulatur auf?
- Ist der Wildkörper aufgedunsen?
- Ist das Stück abgemagert, sozusagen nur noch Haut und Knochen?

Jede der genannten, noch vor dem Versorgen des Stückes getroffenen Feststellungen gilt aus lebensmittelhygienischer Sicht als ein für den Verzehr des Wildfleisches bedenkliches Merkmal, das durch eine amtliche Fleischuntersuchung abgeklärt werden muss.

Warum? Stücke, die auf der Nachsuche zur Strecke kommen, hat man altem Jägerbrauch folgend erst einmal krank werden lassen. Krank bedeutet hier, Entwicklung von Wundfieber als Folge der Schussverletzung. Fieber wiederum ist das Ergebnis einer Vermehrung von unterschiedlichen Erregern in der Muskulatur, die einmal mit der Kugel aus dem Haarkleid, zum anderen durch Bodenkontakt der Wunde bei der Flucht und im Wundbett in den Wildkörper eingedrungen sind.

Beim Weidwundschuss sind es vor allem über verletzte Adern ins Blut gelangte und im Körper umverteilte Magen-/Darmbakterien, die das Wildfleisch in hohem Maße belasten, seine Haltbarkeit mindern bzw. seine Verzehrfähigkeit ausschließen. Da diese Erreger mit dem Verenden des Tieres nicht automatisch mit absterben, sondern weiterleben, sich fleißig vermehren und durch ihren Stoffwechsel zur Gasbildung im Magen-/Darmbereich führen, ist eine amtliche Fleischuntersuchung unabdingbar – sofern auf die Verwertung des Fleisches dieser Stücke nicht grundsätzlich verzichtet wird.

Bevor der erste Schnitt zur Eröffnung der Bauchhöhle gesetzt und mit dem Ausweiden des Stückes begonnen wird, können bereits mehrere Feststellungen getroffen werden, die für die Einschätzung der Verzehrfähigkeit oder der Nichtverzehrfähigkeit des Wildes von großer Bedeutung sind. Dazu zählen auch ein verschmutzter Spiegel, eine nicht durch Haarwechsel verursachte struppige Decke oder sonstige, von der Norm abweichende Veränderungen am Wildkörper.

Magen und Darm

Nach dem Aufschärfen von Decke, Schwarte oder Vlies – vom Kinnwinkel entlang des Trägers über das Brustbein bis hin zum Schloss – und dem Eröffnen der Bauchhöhle und des Brustkorbs stellen sich nach dem Auslösen von Magen, Dünn- und Weiddarm folgende Fragen:

- Sind Därme und Magen (Pansen) aufgebläht oder wirken sie unauffällig?
- Zeigen Leber, Milz und Nieren Anzeichen einer Verfärbung ins grünlich-bläuliche?

Links: Weist Wild eine durch Magen-/Darminhalt verschmutzte Bauchhöhle auf, dann muss der amtliche Tierarzt das Wildbret als verzehrunfähig erklären.

Rechts: Werden zahlreiche Abszesse, z. B. unter Decke oder Schwarte gefunden, dann muss das Stück zur amtlichen Fleischuntersuchung angemeldet werden.

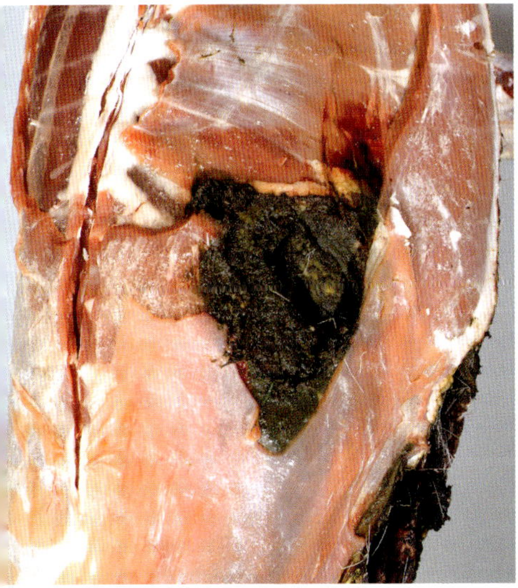

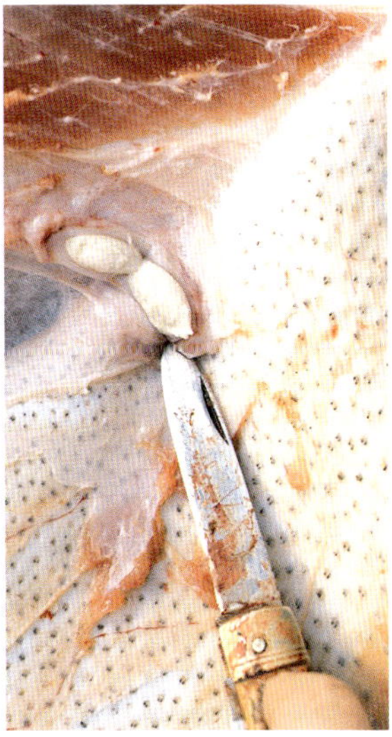

- Findet sich im Bauchhöhlenbereich Magen- oder Darminhalt, gar Urin, weil Magen, Darm oder Blase durch einen Kugelsplitter verletzt wurden?
- Sind Brust oder Bauchfell (Zwerchfell) grünlichbläulich verfärbt?
- Ist der Inhalt im Weiddarm (Dickdarm) verfestigt oder dünnflüssig?
- Finden sich weißgelbliche, stecknadelkopfgroße Punkte auf der Darmwand und an der Bauchhöhlenwandung?

Verfärbungen der inneren Organe, aber auch von Brust- und Bauchfell, speziell im Bereich des Zwerchfells, sind immer ein Hinweis für eine hohe Belastung des Wildfleisches mit die Gesundheit des Menschen gefährdenden Erregern. Ein aufgeblähter Darm und Magen stellen für sich noch kein »bedenkliches Merkmal« dar. Kommt jedoch noch eine Verfärbung der inneren Organe hinzu, dann ist die amtliche Fleischuntersuchung unabdingbar. Gleiches gilt bei verfärbtem Brust- und Bauchfell, verursacht u. a. durch sich in der Bauchhöhle befindenden Magen-/Darminhalt. Weicher bis flüssiger Darminhalt im Dickdarm ist ein Hinweis auf starken Befall mit Darmparasiten oder eine krankhafte Darmentzündung (z. B. Kokzidiose).
Geradezu höchste Gefahr für den Verbraucher bedeutet die Feststellung von weißgelblichen, stecknadelkopfgroßen Punkten im Bauchhöhlenbereich. Sie können Hinweis auf eine Pseudotuberkulose oder Tularämie (Hase) sein. Um welchen Erreger es sich letztlich handelt, der die kleinen Abszesse verursacht hat, kann erst durch eine Bakteriologische Untersuchung im Rahmen der amtlichen Fleischuntersuchung eindeutig bestimmt werden.

Rachen, Drossel, Lunge

Beim Herauslösen von Leber, Milz und Nieren aus der Bauchhöhle, von Herz und Lunge einschließlich Drossel und Drosselknopf aus der Brusthöhle, dem Träger und Kopfbereich stellen sich folgende Fragen:
- Wimmelt es im Rachenbereich von Rachendasseln?
- Zeigen sich auf den weißen Flächen des Drosselkopfes (Mandeln) punktförmige Blutungen, die wie Einstiche mit einer Stecknadel wirken?
- Zeigen sich auf der Oberfläche der Lungenflügel wie gesprenkelt wirkende, linsengroße und an den Rändern unscharfe käsige Auflagen?
- Sind an den Spitzen der Lungenflügel und in deren Randbereich großflächige, gelblich schimmernde Einschlüsse erkennbar?

- Finden sich beim Durchtasten der Lungenflügel Verhärtungen, aus denen beim Anschneiden ein gelbliches Sekret austritt?

Der Befall mit Rachendasseln stellt stets dann ein gesundheitlich »bedenkliches Merkmal« dar, wenn gleichzeitig Untergewichtigkeit des Stückes in Verbindung mit einem scharfen, urinösen Geruch des Wildbrets nach dem Ausweiden gegeben sind. Hinweis: von Parasiten stark belastetes und abgemagertes Wild ist besonders anfällig für Infektionen. Punktförmige Blutungen auf den Mandeln finden sich bei Schwarzwild als einer von mehreren Hinweisen auf Schweinepest.

Veränderungen auf der Lungenoberfläche in der beschriebenen Form sind Hinweise auf eine hochgradig bakterielle Infektion. Das Schrillen innerer Alarmglocken sollte sofort einsetzen, wenn sich gleiche Feststellungen, punktförmige gelblichweiße Flecken, auch in der Bauchhöhle und/oder auf den anderen inneren Organen zeigen. Auch hier gilt: nur im Rahmen der amtlichen Fleischuntersuchung mit einer bakteriologischen Untersuchung lässt sich der Erreger und damit auch die Ursache der Erkrankung endgültig bestimmen. Es ist zu erwarten, dass das Wildbret dieses Stückes nicht für den Verzehr freigegeben wird. Dennoch lohnt die Anmeldung zur amtlichen Fleischuntersuchung, da sie Klarheit über die Art der Infektion bringt.

Die vom Lungenwurmbefall im Randbereich der Lungenflügel herrührenden gelblichen Einschlüsse sind für die positive Beurteilung des Wildbrets unbedenklich, sofern der Allgemeinzustand des Stückes gut ist und sich keine weiteren bedenklichen Merkmale finden. Anders bei eitrigen Abszessen in der Lunge. Als Verursacher oder Folge einer fiebrigen Infektion bedingen sie eine hohe Keimbelastung des Wildfleisches. Hier ist der amtliche Tierarzt gefragt.

Herz, Milz, Leber, Nicren

Diese Organe sind wesentliche Hinweisgeber für die gesundheitliche Beurteilung des Stückes und für die Verzehrfähigkeit seines Fleisches. So stellen sich bei ihrer Begutachtung folgende Fragen:

- Ist der Herzmuskel schlaff und labberig?
- Finden sich auf der Oberfläche des Herzmuskels kleine, helle und stecknadelkopfgroße Einschlüsse, hart wie ein Reiskorn?
- Wirkt die Milz ungewöhnlich vergrößert?

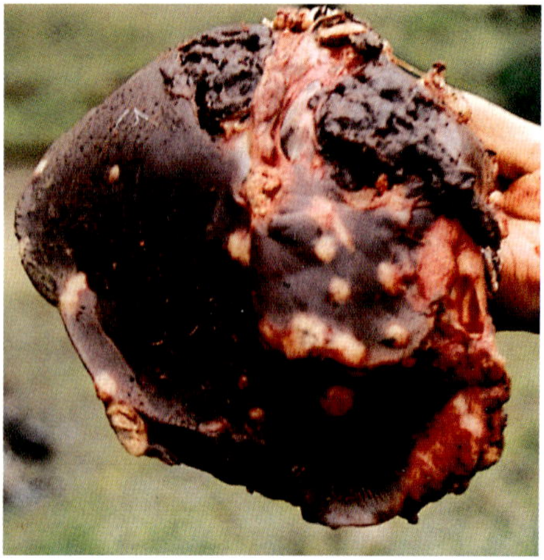

Leber von einem Alttier: die zahlreich erkennbaren Abszesse signalisieren eine schwerwiegende Infektion. Die Abszesse fanden sich auch auf dem Gescheide. Das Stück wurde als nicht verzehrfähig deklariert und in einer Tierkörperbeseitigungsanstalt entsorgt.

- Ist die Milz an den Rändern weich und »ausgefranst«?
- Hat die Leber neben dem normalen Erscheinungsbild eine ungewöhnliche Größe?
- Wirkt die Leber geschwollen?
- Weist die Oberfläche der Leber Verfärbungen oder punktförmige, reiskorngroße Abszesse auf?
- Ist, sofern vorhanden, die Gallenblase normal oder bis zum Platzen gefüllt?
- Lassen sich beim Durchtasten der Leber Verhärtungen erfühlen?
- Sind beide Nieren gleich groß?
- Weist die Nierenoberfläche wie aufgesetzt wirkende grauweiße oder graugelbe Flecken auf?
- Wirken die Nieren so, als ob durch Nadelstiche kleine Blutungen im Oberflächengewebe hervorgerufen wurden?

Jede dieser Feststellungen signalisiert eine krankheitsbedingte Veränderung des betreffenden Organs und stellt ein für den Verzehr des Wildfleisches bedenkliches Merkmal dar. Ein schwacher, labberiger Herzmuskel kann Folge einer überstandenen oder noch bestehenden Infektionskrankheit sein mit dem Ergebnis, dass die Muskulatur noch mit Bakterien besiedelt und mit ihren Stoffwechselprodukten belastet ist. Gleiche Schlussfolgerungen lassen sich bei einer geschwollenen, an ihren Rändern unscharf wirkenden Milz ziehen. Ein schockartiges Verenden nach dem Schuss (Trägerschuss) verursacht in

Einzelfällen durch Blutstau eine Vergrößerung der Milz, die in diesem Fall jedoch kein bedenkliches Merkmal darstellt. Viele Ursachen kann eine geschwollene Leber haben: starker Befall mit Leberegeln (Wiederkäuer), Infektion unterschiedlichster Art, Abszess durch Leberentzündung oder stumpfer Schlag beim Sturz vor dem Verenden. Hier ist der amtliche Tierarzt ebenso gefragt, wie beim Vorkommen von flockigen Abszessen auf der Leberoberfläche. Eine übervolle Gallenblase weist auf eine Störung im Gallenabfluss hin und fordert erhöhte Aufmerksamkeit bei der Betrachtung und der Beurteilung der Leber wie der anderen Organe auf Veränderungen im Erscheinungsbild. Finden sich im Wildkörper zwei in ihrer Größe sich tark voneinander unterscheidende Nieren, dann kann die Harnausscheidung gestört und das Wildbret mit Harnstoff belastet sein. Blutige Punkte auf der Niere, aber auch auf der Blase von Schwarzwild sind ein Hinweis auf eine Schweinepestinfektion.

Hoden, Bauchnetz, Bauch- und Brustwandungen

Bei männlichen Stücken sind die ausgelösten Hoden (Brunftkugeln, Steine) und wie bei allen anderen Stücken auch das Därme und Magen umschließende Bauchnetz und das Erscheinungsbild der Bauch- und Brustwandungen auf Veränderungen zu kontrollieren. Dabei stellen sich folgende Fragen:

- Sind die ausgelösten Hoden gleichgroß?
- Weisen die Hoden beim Durchtasten fühlbare Verhärtungen auf?
- Quillt beim Durchschneiden Eiter aus den Hoden?
- Finden sich im Bauchnetz blasenförmige, mit Flüssigkeit gefüllte Einschlüsse?
- Sind Bauch und Brustwandung mit wassertropfenähnlichen Gebilden besiedelt?

In ihrer Größe unterschiedliche Hoden können angeboren sein. Die Verkleinerung kann aber auch durch eine entzündlich verlaufene Infektion des Geschlechtsorganes hervorgerufen worden sein. Die Möglichkeit einer Brucellose ist nicht auszuschließen, speziell, wenn beim Anschneiden eitriges Sekret erscheint. Das betreffende Stück Haarwild ist der **amtlichen Fleischuntersuchung unter Beifügung aller Organe (vom Lecker mit Drossel und Drosselknopf über Lunge, Herz, Milz und Leber bis zu den Nieren)** zuzu-

Das sind für die amtliche Fleischuntersuchung benötigte Organe. Lecker mit Drossel und Schlund, Lunge und Herz. Außerdem müssen mitgeliefert werden: Leber, Milz, Nieren mit Nierenfett und gegebenenfalls bei männlichen Stücken die Hoden.

führen. Blasenförmige Einschlüsse im Bauchnetz und wassertropfenähnliche Gebilde an Brust- und Bauchwandung weisen auf die Besiedelung mit Bandwurmfinnen hin. Finden sie sich nur vereinzelt, dann können sie aus dem Wildbret geschnitten und verbrannt werden. Ein starker Befall ist gleichbedeutend mit der Nichtverzehrfähigkeit des Wildfleisches.

Geruch, Farbe, Konsistenz des Fleisches

Die beim Versorgen von Haarwild zu treffenden Feststellungen und die schlüssige Beantwortung der dabei zu stellenden Fragen erfordern nicht nur ausreichendes Licht, sondern auch eine große Portion an Erfahrung und vor allem ausreichende Zeit. Zur abschließenden Beurteilung der Genussfähigkeit des erlegten Wildes sind drei Sinne gefordert: Geruchssinn, Sehsinn, Tastsinn.

Und das sind die zu beantwortenden Fragen:

- Riecht das Wild brunftig oder rauschig?
- Riecht es aus der Bauch- und Brusthöhle muffig und dumpf?
- Riecht das Wildfleisch urinös, nach Ammoniak oder Schwefel?
- Sehen die Brust- und Bauchinnenseiten und das Keulenfleisch kupferrot oder bläulichschwarz aus?
- Fühlt sich das Wildfleisch brüchig und mürbe an?

Während Brunftgeruch in der Paarungszeit für sich kein Grund für eine amtliche Fleischuntersuchung ist, kann ein starker geschlechtsspezifischer Geruch außerhalb der Paarungszeit Hinweis auf eine Erkrankung sein. **Das Wildbret rauschiger Keiler gilt als nicht verzehrfähig.** Alle anderen Feststellungen, die einzeln oder zusammen getroffen werden, sind eindeutige Anzeichen dafür, dass das Wildbret verhitzt und damit nicht verzehrfähig ist. Hier kann man sich die Beurteilung durch einen amtlichen Tierarzt ersparen und das Wild entsprechend den rechtlichen Bestimmungen entsorgen. Geregelt wird dies in der Verordnung (EG) Nr. 1774/2002, die Hygienevorschriften für nicht für den menschlichen Verzehr bestimmte tierische Nebenprodukte enthält, sowie das am 25. Januar 2004 in Kraft getretene Tierische Nebenprodukte-Beseitigungsgesetz (TierNebG). Zusammen haben sie das bis dahin geltende Tierkörperbeseititungsgesetz abgelöst (siehe: »Was tun mit Aufbruch, Wildabfällen und Fallwild?«).

Hase, Wildkanin und Federwild

Die beim Schalenwild gestellten Fragen und gegebenen Erläuterungen gelten bis auf die Hinweise zur Schweinepest, den Lungen- und Leberwurmbefall auch bei der Versorgung von Hase und Kanin. Nach dem Ausdrücken der Blase wird die Bauchhöhle, wie beim

Ein perfekter Küchenhase, oder? Vorsicht, wer zu grobe Schrote verschießt, der muß damit rechnen, dass diese bis ins Gescheide durchschlagen mit der Folge, dass Magen-/Darmbakterien das Wildbret für den Verzehr ungenießbar machen.

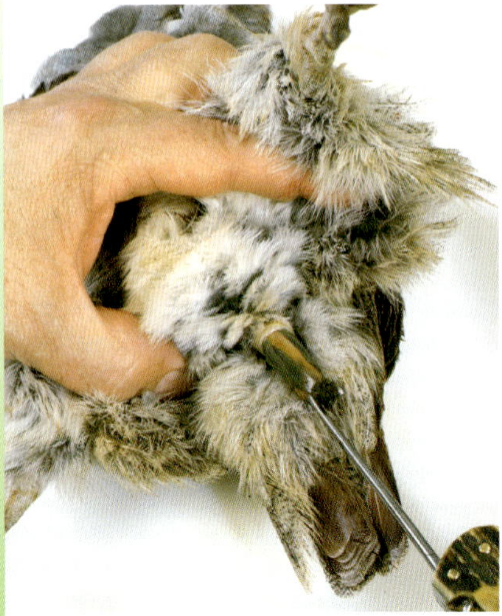

Das Aushakeln ist inzwischen verboten, weil durch den Darmabriss das Wildbret mit Darminhalt inklusive Millionen Mikroorganismen belastet wird.

Drei frisch erlegte Tauben, die sobald wie möglich ausgeweidet und gekühlt werden sollten.

Schalenwild, zur Entnahme der Bauch- und Brustorgane eröffnet. Hinweis: durch das Eindringen der Schrote und von diesen erfasster Haare ins Wildbret wird eine Verunreinigung des Fleisches mit Mikroorganismen bewirkt. Nach Untersuchungen im Institut von Prof. Dr. R. M. Handlok (Gießen) finden sich von ihnen allein im Balg des Hasen pro Gramm Wolle bis zu einer Million. Zwischen 10 000 und 10 Millionen Bakterien konnten pro Gramm Muskelfleisch dort nachgewiesen werden, wo von Wolle ummantelte Schrote eingedrungen waren. Zwischen eintausend und einer Milliarde Mikroorganismen wurden pro Gramm Magen- und Darminhalt festgestellt. Ähnlich ist die Situation beim Wildkanin.

Und beim Federwild?

Diesem werden, sofern vorhanden, zuerst der Kropf samt Inhalt und nach dem Eröffnen der Leibeshöhle Magen, Darm, Leber und Herz entnommen und auf krankhafte Veränderungen kontrolliert. Das früher weit verbreitete

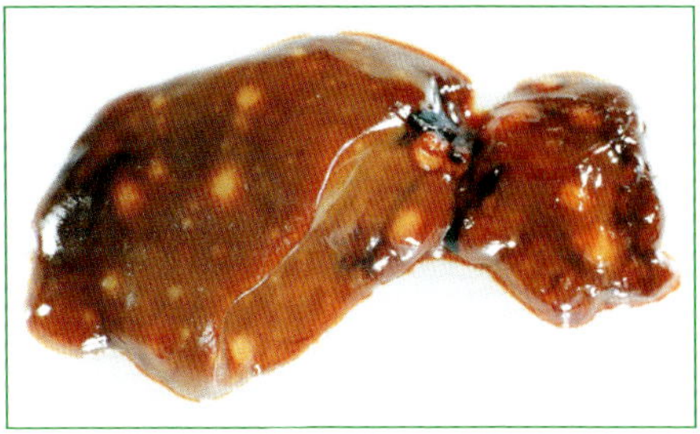

Leber einer mit Tuberkulose infizierten Ringeltaube.

Aushakeln von Federwild, bei dem ein Holz- oder Metallstab mit einem sich an der Spitze befindenden Haken durch die Kloake in die Bauchhöhle gestoßen wurde, ist unzulässig. Beim Drehen des Hakens in der Bauchhöhle, um das Gedärm aufzuwickeln, und dem nachfolgenden Herausziehen werden der Darm zerstört und sein Inhalt in der Bauchhöhle verschmiert. Die Folge: ein aus heutiger Sicht nicht verzehrfähiges Wildbret.

Wie Hase und Kanin muss auch Federwild alsbald nach dem Erlegen auf eine Innentemperatur von 4 °C abkühlen. Dazu gehört es in eine Kühlung. Und darauf sollte der Jäger bei der Versorgung von Federwild achten:

- Geschwülste und Wucherungen im Kopfbereich oder an den Ständern bzw. Rudern.
- Abnorme Verhaltensweisen und Störungen des Allgemeinbefindens wie gestörter Fluchtreflex, gebrochene Schwingen, Ständer oder Ruder, Kahlstellen am Körper u.a.m.
- Geschwülste und Abszesse in inneren Organen oder in der Muskulatur (erkennbar nach dem Ausweiden bzw. Rupfen)
- Erhebliche Abweichungen der Muskulatur oder Organe in Farbe, Konsistenz oder Geruch (stets gegeben, wenn Federwild über längere Zeit unausgeweidet hängen oder liegen gelassen wurde)
- Erhebliche sinnfällige Veränderungen außer Schussverletzungen, wie beispielsweise stickige Reifung oder Fäulnis (auch Federwild kann verhitzen!).

Werden derartige Feststellungen getroffen, ist das Wildbret als nicht verzehrfähig zu beurteilen. Grundsätzlich gilt für das Versorgen von Haar- und Federwild: wenn einem etwas »nicht ganz sauber« vorkommt, ist der amtliche Tierarzt als Fachmann in der Lebensmittelhygiene gefragt oder das betreffende Wild wird entsorgt.

Bereits 45 Minuten nach dem Verenden des Wildes (auch bei gutem Schuss) wandern Bakterien aus dem Magen- und Darmbereich aus, siedeln sich im Wildbret an und vermehren sich dort kräftig. Blitzschnell und explosionsartig passiert dies bei einem Weidwundschuss mit nachfolgender, wenn auch kurzer Flucht durch den noch funktionierenden Blutkreislauf. Rasches Erlegen (Nachsuche) und schnelles Ausweiden sind deshalb oberstes Gebot. Die hier gezeigte Versorgung eines Rehbockes mit Weidwundschuss gilt gleichermaßen für alles Schalenwild (ausgenommen Schwarzwild, bei dem die Zwerchfellpfeiler beziehungsweise Zwerchfellteile für die Probenentnahme zur Trichinenuntersuchung am Wildkörper verbleiben müssen).

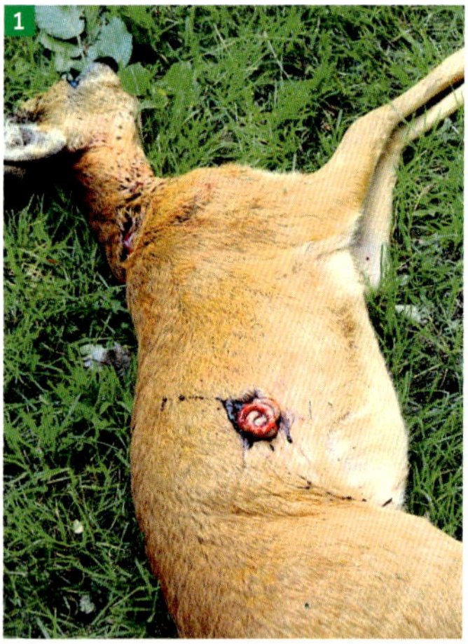

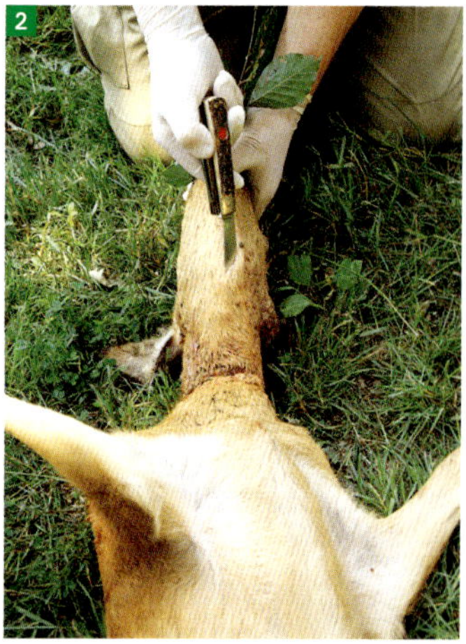

1 Deutlich ist der Ausschuss zwischen Rippenbogen und Keule zu erkennen. Ein Zeichen, dass es sich hier um einen Weidwundschuss handelt.

2 Messer am Kinnwinkel ansetzen und die Decke aufschärfen. Darauf achten, dass der Schlund (Speiseröhre) nicht angeschnitten wird.

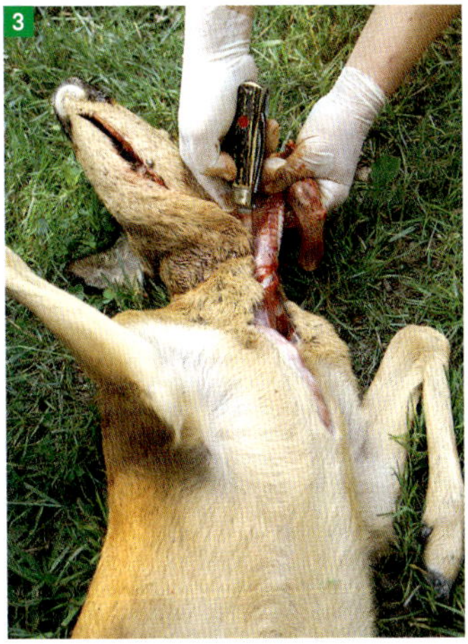

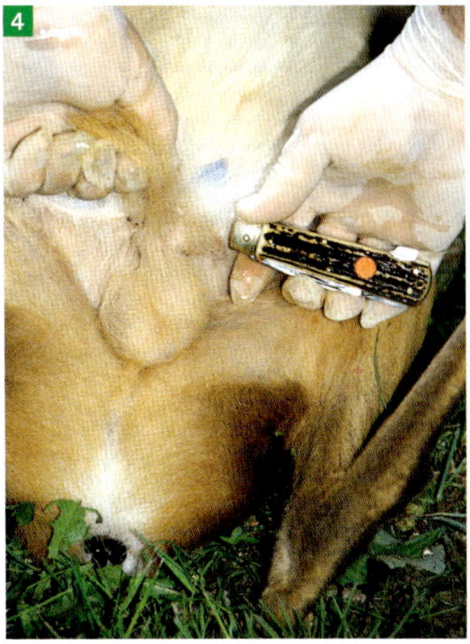

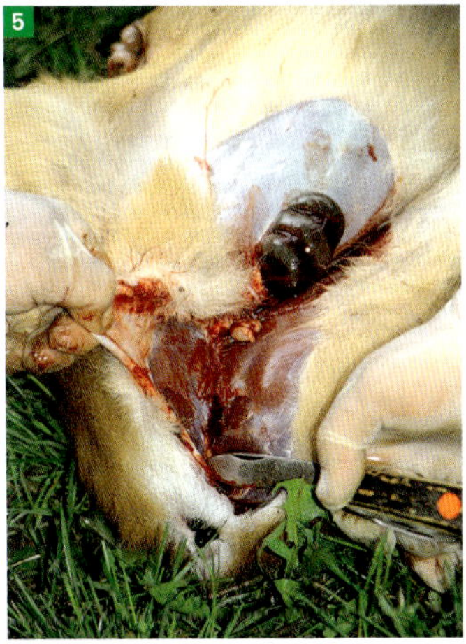

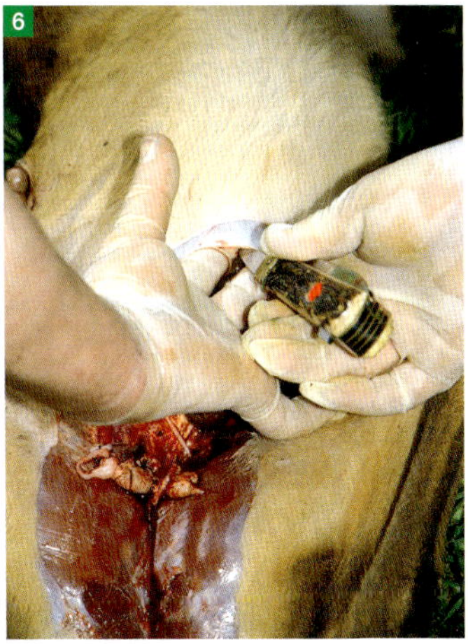

3 Lecker mit anhängendem Drosselknopf, Drossel und Schlund vom Träger lösen.

4 Die Hinterläufe spreizen, den Pinsel mit einer Hand fassen und mit Rundschnitt ablösen.

5 Den Deckenschnitt zwischen den Keulen bis zum Weidloch erweitern.

6 Mit vorne stumpfer Aufbrechklinge (keine Pansenverletzung!) Bauchhaut und Decke bis zum Brustbein aufschärfen.

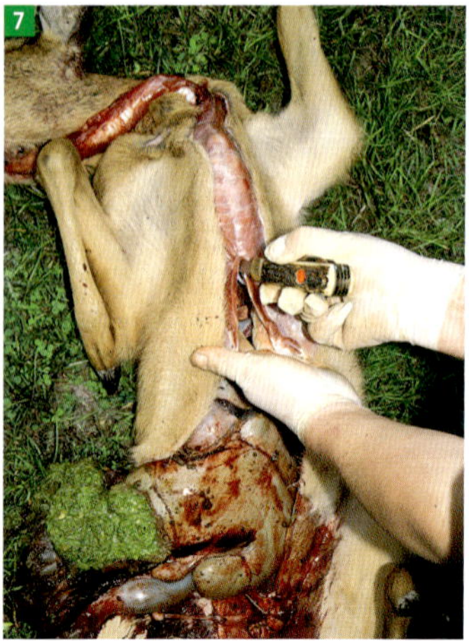

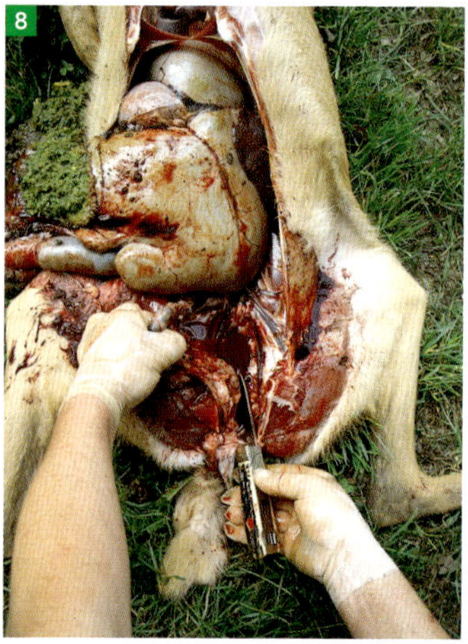

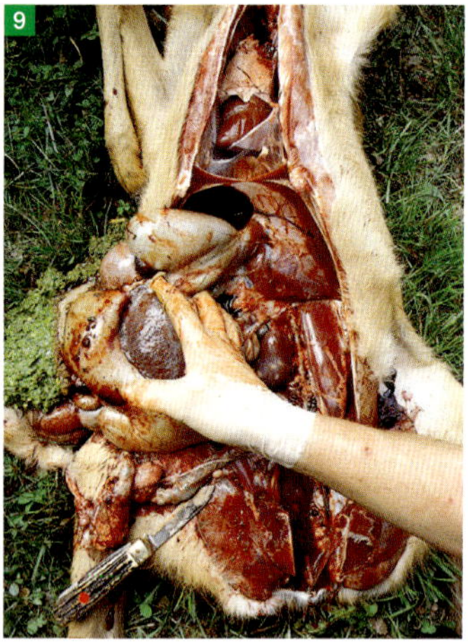

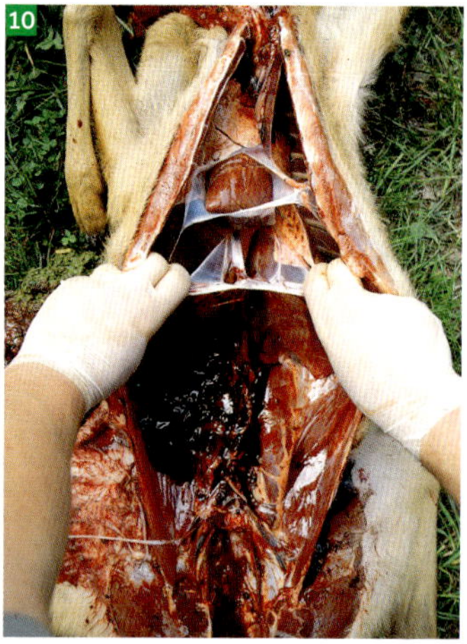

7 Brustbein mit der Aufbrechklinge (bei stärkerem Wild mit einer Messersäge) auftrennen.

8 Teil des Gescheides aus der Bauchhöhle heben, Schloss mit Messersäge auftrennen.

9 Gedärm und Pansen (Magen), Leber und Nieren aus dem Wildkörper heben.

10 Bei Weidwundschuss und verspätetem Aufbrechen: Zwerchfell beidseitig fassen und mit ...

11
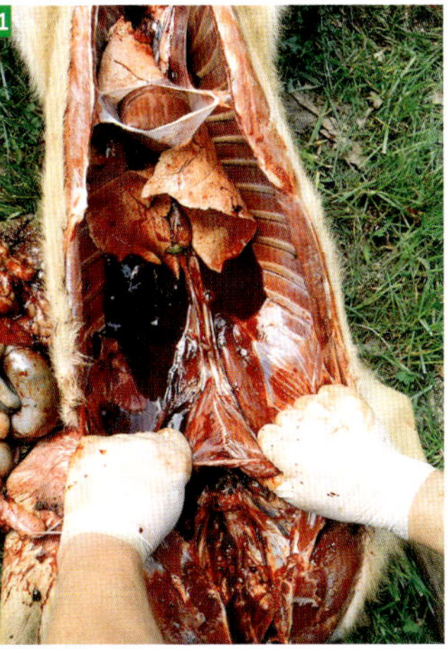

12
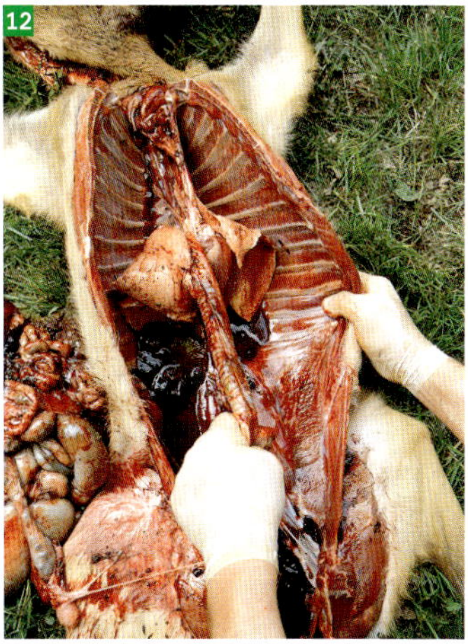

13
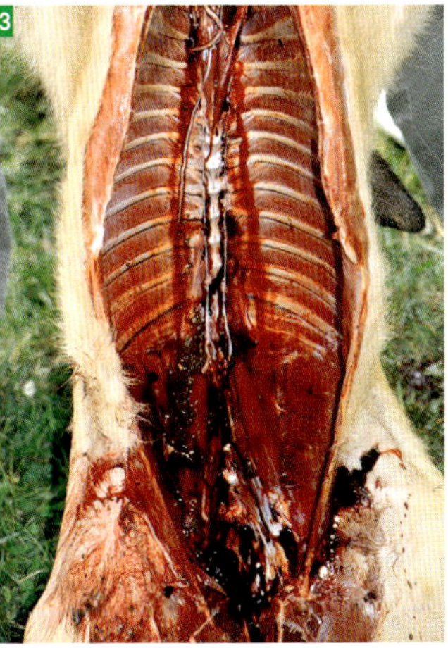

14

11 der inneren Bauchhaut in einem Zug Richtung Schloss ziehen. Damit werden Schmutz und Keime entfernt.

12 Lecker, Drossel und Schlund mit anhängendem Geräusch (Herz, Lunge) aus dem Brustkorb herausziehen.

13 Der Blick in den Wildkörper bestätigt eine wildbrethygienisch einwandfreie Versorgung des Stückes.

14 Zum Auskühlen das Wild, hier ein Stück Schwarzwild, an einem luftigen Platz aufhängen, danach kühlen.

Wie schnell verhitzt ein Stück Wild?

Unter Jägern immer wieder diskutiert wird die Frage, in welcher Zeit eine Verhitzung (stickige Reifung) des Wildbrets zu befürchten ist. Hierauf dem Revierinhaber, der durch den Verkauf des Wildes Einnahmen aus dem Jagdbetrieb verbuchen will, wie dem das Stück Schalenwild beschießenden und um dessen Gewinnung als verzehrfähiges Lebensmittel bemühten Jäger eine eindeutige, stets zutreffende Antwort zu geben, ist praktisch nicht möglich. Der Grund: Es sind gleich mehrere Faktoren, die zur Verhitzung von Wild führen und in unterschiedlicher Kombination zusammentreffen:

- Körpertemperatur und Konstitution des Wildes zum Zeitpunkt des Verendens;
- Lage und Größe des Ausschusses;
- Umgebungstemperatur;
- zwischen Eintritt des Todes und dem Ausweiden verflossene Zeit;
- Jahreszeit.

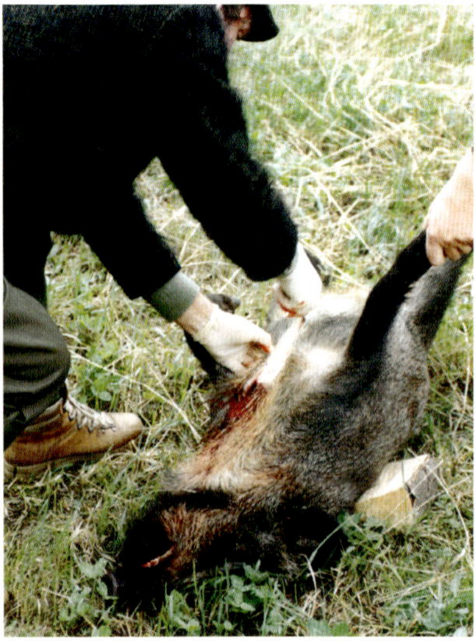

Dieser Schwarzkittel wurde erfolgreich nachgesucht. Bereits beim Aufbrechen kann man feststellen, ob das Stück verhitzt ist oder nicht. Farbe und Geruch verraten vieles.

Körpertemperatur und Konstitution

Ein ungestresstes, gesundes Stück Schalenwild weist eine Körpertemperatur von 37 bis 38 °C auf. In einer Stresssituation, und diese ist bei einem angeschossenen, aber auch bei einem vor dem Hunde flüchtenden Stück immer gegeben, steigt sie in kürzester Zeit auf 40 °C und mehr an. Ein sich im guten Allgemeinzustand befindendes Stück Wild weist außerdem unter der Decke bzw. der Schwarte eine isolierende Fettschicht auf, die ein Abkühlen des Wildbrets verzögert. Insbesondere dann, wenn es unausgeweidet über Stunden liegen bleibt. Grundsätzlich ist davon auszugehen, dass vom Gewicht her schwerere Stücke schneller verhitzen, als schwächeres Wild.

Lage und Größe des Ausschusses

Beides spielt insoweit eine Rolle, da der Ausschuss, sofern das Stück nicht auf diesem liegt, der Luft Zutritt in das Körperinnere ermöglicht und dadurch ein Abkühleffekt hervorgerufen wird. Dieser kann den Eintritt des Verhitzens zeitlich hinauszögern, allerdings nicht über mehrere Stunden.

Wild, das draußen im Revier noch »gut« aussieht, macht aufgehängt in der Zerwirkkammer oft eine schlechte Figur.

Umgebungstemperatur

Diese spielt, und dies mag viele Jäger erstaunen, eine wesentlich geringere Rolle, als allgemein angenommen. Der Grund: das Verhitzen des Wildbrets ist in erster Linie ein sich in den Muskeln aufgrund der in diesen gegebenen Wärme vollziehender Vorgang, der durch die Umgebungstemperatur nur bedingt beeinflusst wird. Der klassische Beweis für diese Gegebenheit ist das zur Winterzeit geschossene, unmittelbar nach dem Erlegen ausgeweidete und nachfolgend im Kofferraum des noch für zwei, drei Stunden abgestellten PKW verstaute Stück Rehwild. Der im Wildkörper gegebene Wärmestau führt zur stickigen Reifung, bei der statt der Milchsäure Buttersäure, Schwefelwasserstoff und als Abbauprodukt des Blutfarbstoffes Porphyrine entstehen. Das Wildbret nimmt eine bräunlich bis kupferrote Farbe an,

Links: Verhitztes Wildbret erkennt man an der kupferroten Farbe. Außerdem riecht es nach Buttersäure und Schwefel.

Rechts: Wurde ein Stück weidwund getroffen und erst auf der Nachsuche verendet aufgefunden, ist es stark mit Keimen belastet. Das Wildbret kann blass und bläulich schimmern, ein Zeichen für beginnendes Verderben.

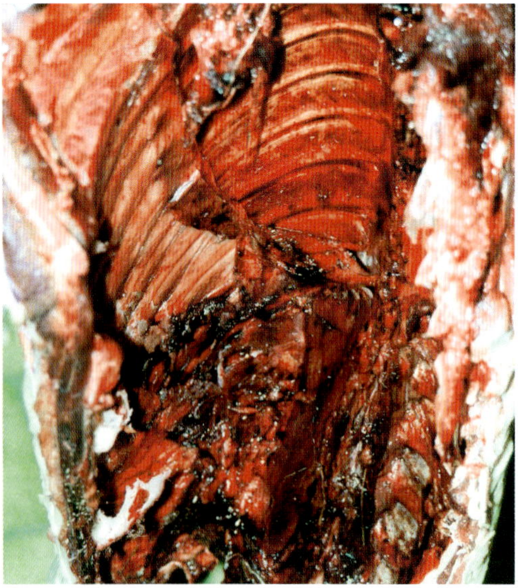

schillert an der Oberfläche, riecht unangenehm scharf und stickig und seine Struktur wird brüchig. Ein Vorgang, der zeitlich genauso schnell abläuft wie bei einem unausgeweideten Stück Wild und der nicht rückgängig zu machen ist.

Zeitfaktor

In ungünstigen Fällen (schweres Wild, kein Ausschuss, durch Stress verursachte höhere Körpertemperatur, starke Sonneneinstrahlung auf den Wildkörper mit zusätzlichem Aufheizeffekt) kann ein Verhitzen des Wildbrets bereits nach 90 Min. erfolgt sein. Je mehr Zeit nach dem Verenden vergeht, desto größer ist die Wahrscheinlichkeit, dass das Wildbret durch stickige Reifung nicht verzehrfähig ist. In Schweden z. B. wird Schalenwild, das abends beschossen und erst am nächsten Morgen verendet aufgefunden wird, grundsätzlich verworfen.

Jahreszeit

An die Aussage, ein in kühler Herbst- oder in kalter Winterzeit angeschossenes und Stunden später auf der Nachsuche verendet aufgefundenes Stück Wild sei der Gefahr des Verhitzens weniger ausgesetzt als ein zur warmen Sommerzeit unter gleichen Voraussetzungen aufgefundenes Stück Wild, glauben Jäger seit vielen Jahrzehnten. Dass diese Aussage nur in ganz bestimmten Einzelfällen (großer, oben liegender Ausschuss mit Eröffnung der Brust- und Bauchhöhle und tiefe Frosttemperaturen) zutreffend, generell aber nicht richtig ist, wissen neben Gastronomen und Wildhändlern auch all jene Jagdpraktiker, die solches Wild nachfolgend selbst zerwirkt haben. In der Wildkammer sind die zuvor im Revier nicht wahrgenommenen, auf ein teilweises oder totales Verhitzen des Wildbrets hinweisenden Veränderungen im Geruch und die im Inneren der Muskel erfolgten Verfärbungen eindeutig. Die Aussage eines erfahrenen Tiroler Berufsjägers, »die Wintergams verhitzt schneller als die Sommergams«, gilt auch für anderes Schalenwild. Warum? Das Winterhaar isoliert viel stärker als das Sommerhaar. Außerdem ist zur Herbst- und Winterzeit die ebenfalls isolierende Fettschicht unter Decke und Schwarte wesentlich dicker. Der von innen nach außen verlaufende Temperaturaustausch ist trotz kalter Umgebungstemperatur wesentlich geringer und langsamer als bei einem Stück im Sommerhaar und geringerer Fettschicht unter der Decke oder Schwarte. Einen Hinweis darauf, wie langsam sich ein Temperaturausgleich zwischen der Temperatur im Wildbret und der Umgebungstemperatur vollzieht, lieferte in den 80er Jahren eine Untersuchung von Prof. Dr. R. M. Hadlok mit Rehwild. Bei den in eine stille Kühlung (Kühlschrank ohne Umluft) gehängten, ausgeweideten Stücken hatte das Keuleninnere erst nach 24 Stunden(!) die Außentemperatur von + 7 °C erreicht.

Folgerungen für die Praxis

Sofern die Schusszeichen am Anschuss nicht eindeutig auf einen Laufschuss hinweisen, sollte jedes vom Anschuss in die Deckung flüchtendes Stück Wild 30–45 Min. nach dem Schuss mit einem für eine kurze Nachsuche brauchbaren Hund nachgesucht werden. Dies auch am Abend und in der Nacht. Wird es nach einer Entfernung von ca. 150 m (durchschnittliche Fluchtdistanz bei Herz- und Leberschuss) nicht verendet aufgefunden, ist die Nachsuche abzubrechen und einem erfahrenen Nachsuchengespann zu überlassen. In Revieren, in denen relativ gut geschossen und so verfahren wird, werden acht von zehn nach dem Schuss in die Deckung flüchtende Stücke rechtzeitig aufgefunden und ihr Wildbret vor dem Verhitzen bewahrt.
Beim Auffinden von Wild, das nicht länger als zwei Stunden nach dem Verenden gelegen hat, kann in der Regel davon ausgegangen werden, dass sein Wildbret noch nicht verhitzt ist, da die die Fleischreifung bedingenden und auch zur stickigen Reifung führenden biochemischen Prozesse erst kurzzeitig angelaufen sind und noch nicht den gesamten Wildkörper, insbesondere die Rücken- und Keulenmuskulatur, erfasst haben. Dass solche Stücke anschließend an luftigem Ort hängend schnell auskühlen müssen, ist eine wichtige Bedingung für die Gewinnung verzehrfähigen Wildbrets.
Bei allen Stücken, die später als zwei Stunden nach dem Verenden – erkenntlich an starker Gasbildung im Magen-/Darmkanal, an der Verfärbung der Bauchorgane und der Bauchinnenhaut – aufgefunden werden, ist ein beginnendes bzw. bereits erfolgtes Verhitzen des Wildbrets zu unterstellen. Dabei gilt: Je schwerer das Stück (höheres Wärmepotential), desto weiter fortgeschritten ist die stickige Reifung. Dass auch nach dem Versorgen eines ohne Nachsuche zur Strecke gekommenen Stückes Wild das Wildbret durch

Wärmestau verhitzen kann, sollte nicht unberücksichtigt bleiben. So von einem Revierpächter schmerzlich erlebt, der einen von einem Jagdgast mit Hauptschuss erlegten ca. 28 kg schweren Frischling eine Stunde später in den Keller seiner Jagdhütte gehängt hatte und ihn am nächsten Tage wegen Verhitzens als stinkenden Kadaver entsorgen musste. Die 12 °C Kellertemperatur hatten nicht ausgereicht, das Wildbret rechtzeitig herunterzukühlen. Mit eine der Ursachen für das Verhitzen könnte rückblickend auch das minutenlange Schlegeln des Stückes nach dem Schuss gewesen sein, bei dem es sich bei noch kurzfristig funktionierendem Blutkreislauf über die normale Körpertemperatur hinaus erhitzte.

Schwarzwild in Mais und Suhle

Wer schon einmal in Vollmondnacht ein am Maisacker beschossenes und in diesen hineinflüchtendes Stück Schwarzwild nachgesucht hat, der wird festgestellt haben, dass im Maisacker höhere Temperaturen herrschten als draußen. Der Grund: Die Blätter der Maispflanzen wirken wie eine Markise, so

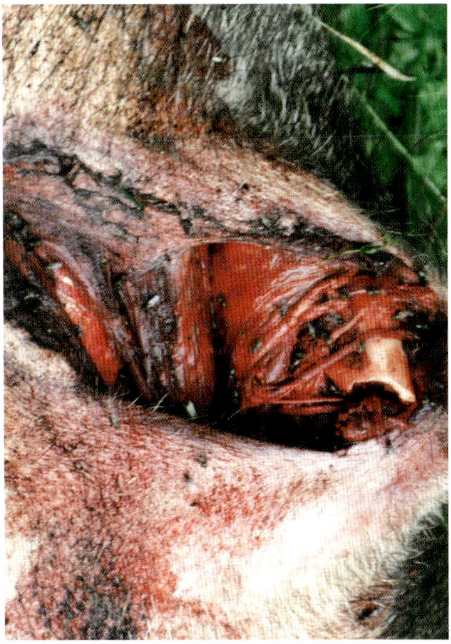

Dieser Überläufer, der erst auf der Nachsuche mit langer Hetze einen Tag später zur Strecke kam, konnte nicht mehr verwertet werden. Er verhitzte trotz sofortigen Versorgens. Durch Hetze, Stress und Wundinfektion erhöhte sich die Körpertemperatur. Außerdem gelangten durch die Schusswunde Bodenbakterien in den Wildkörper, das wiederum führte zu einer starken Keimbelastung. Und: Fliegen hatten bereits ihre Eier abgelegt.

dass der am Tage durch Sonneneinstrahlung aufgeheizte Acker sich in der Nacht wesentlich langsamer abkühlt als das freie Feld. Damit ist die Gefahr des Verhitzens des Wildkörpers besonders hoch. Hinzu kommt, dass bei einem Stück Schwarzwild, das sich vor dem Schuss den Magen voll Mais geschlagen hat, nach dem Verenden relativ rasch die Gärung des Mageninhaltes beginnt. Gärung, ein durch Mikroorganismen verursachter biochemischer Prozess, führt zur Gasbildung mit einem gleichzeitigen Anstieg der Temperatur in der Gärmasse (Mageninhalt). Relativ schnelles Aufblähen des Wildkörpers bei zusätzlicher innerer Erwärmung, die ein Absinken der Körpertemperatur zeitlich hinauszögert, sind die Folgen. Werden solche Sauen erst Stunden nach dem Verenden gefunden, weisen sie alle Merkmale des Verhitzens und eine hohe Belastung des Wildbrets mit Erregern auf. Wird der Wildkörper solcher Stücke bei der amtlichen Fleischuntersuchung gespalten, sind im Bereich des Rückenmarks die Zeichen eindeutig: Schmierige grünliche Verfärbungen und scharfer, unangenehmer Geruch.
Gleiches ist bei angeschossenem Schwarzwild (aber auch Hirschwild) zu erwarten, das sich in den Sommermonaten in eine Suhle oder in einen Schilfgürtel einschiebt und dort verendet. Der gegenüber der Umgebungstemperatur wärmere Schlamm wirkt wie ein Isoliermantel, verzögert das Absinken der Körpertemperatur und beschleunigt das Verhitzen. Hinzu kommt, sofern das Stück noch einige Zeit lebt, eine Infektion durch über die Schusswunde eingedrungene Bodenbakterien, die über die Blutbahn im ganzen Körper umverteilt werden, mit kurzzeitig nachfolgender infektionsbedingter Erhöhung der Körpertemperatur auf 40 °C und mehr. Eine amtliche Fleischuntersuchung (nicht zu verwechseln mit der amtlichen Untersuchung auf Trichinen!) mit bakteriologischer Untersuchung (BU) ist zwingend. Ansonsten: Entsorgen des Wildkörpers in einem Tierkörperbeseitigungsunternehmen.

Rotwild

Ob Rot- oder Damwild: Nicht rechtzeitig nach dem Schuss (maximal zwei Stunden) aufgefundene, ausgeweidete und in eine Kühlung verbrachte Stücke verhitzen relativ schnell. Als Wiederkäuer besitzt Hirschwild im Magen und Darm Zellulose vergärende Bakterien, die den Panseninhalt unter Bildung von Gas bei gleichzeitigem Anstieg der Temperatur zersetzen. Auf der Nachsuche zur Strecke gebrachtes Hirschwild ist ebenfalls erhöhter Verhitzungsgefahr ausgesetzt, da es – bedingt durch den Stress bei der Flucht sowie durch eine angelaufene Infektion – eine höhere Körpertemperatur als im gesunden Zustand aufweist. Eine Gegebenheit, die auch während der Brunft speziell bei männlichen Stücken (in der Morgenkühle »dampfender« Hirsch) feststellbar ist.

Reh-, Muffel-, Gams- und Steinwild

Wildarten, die aufgrund ihrer Körpergröße und ihres Körpergewichtes im Vergleich zu Hirsch- und Schwarzwild der Verhitzungsgefahr weniger ausgesetzt sind. Dies gilt allerdings nur im Zeitvergleich. Bleibt z. B. verendetes Rehwild über mehrere Stunden unversorgt liegen, ist auch hier das Verhitzen des Wildbrets und dessen Entsorgung nach dem Tierische Nebenprodukte-Beseitigungsgesetz (TierNebG) letztlich das Ergebnis. Bei Muffel-, Gams- und Steinwild steigt die Verhitzungsgefahr, je stärker die Fettschicht unter Vlies bzw. Decke ist (Spätherbst und Winter!).

Ein vierjähriger Steinbock, der mit gutem Schuss zur Strecke kam und schnell versorgt werden konnte.

Trichinenuntersuchung bei Schwarzwild

Wer sich nach erfolgreicher Jagd auf Schwarzwild nachfolgend die Strecke anschaut, muss immer wieder feststellen, dass die für die amtliche Untersuchung auf Trichinen wichtigen Zwerchfellpfeiler (Nierenpfeiler), aber auch das an den Rippenbögen anhaftende und bei fehlenden Zwerchfellpfeilern als Ersatz für die Probenentnahme dienende Zwerchfell beim Versorgen der Stücke herausgerissen wurden. Wichtig zu wissen: die Zwerchfellpfeiler befinden sich in der Mitte des Wildkörpers und oberhalb der Filetspitzen. Durch die Zwerchfellpfeiler führt der Schlund aus dem Brustkorb in den Magen. Hinsichtlich der Probenentnahme gilt: bei Hausschweinen und Sumpfbibern ist aus einem Zwerchfellpfeiler eine Probe von mindestens 1 g, bei allen anderen untersuchungspflichtigen Tierarten (z. B. Wildschweine und Dachse) außer Einhufern **zusätzlich** aus der Unterarmmuskulatur eine Probe von mindestens 0,5 g zu entnehmen.
Können Proben aus dem Zwerchfellpfeiler oder Zwerchfell mangels Masse nicht entnommen werden, ist die doppelte Anzahl gleichgewichtiger Proben von Stellen zu entnehmen, an denen Skelettmuskulatur in sehnige Teile übergeht. Hinweis: für einen Untersuchungsansatz nach der Verdauungsmethode (Digestionsmethode) werden mindestens 20 g an Probenmaterial

Entnahme von Stücken aus den Zwerchfellpfeilern bei einem Frischling für die Trichinenuntersuchung. Das Stück kam durch Keulenschuss zur Strecke.

Nicht zu verwechseln mit der amtlichen Fleischuntersuchung: die Trichinenuntersuchung, für die hier Proben entnommen werden.

benötigt. Meistens werden Proben vom Schwarzwild mit denen von Hausschweinen zusammen untersucht, so dass für einen Ansatz bis zu 200 g zusammenkommen.

Zur Entnahme berechtigt

Die Proben zur amtlichen Trichinenuntersuchung dürfen entnehmen:

- der amtliche Tierarzt,
- der dem amtlichen Tierarzt unterstellte amtliche Fachassistent, und neuerdings unter bestimmten Voraussetzungen
- der in einem Jagdbezirk Jagdausübungsberechtigte und ihm durch Länderverordnung in Sachen Probenentnahme zur Trichinenuntersuchung gleichgestellte Jagdscheininhaber (Hinweis: *dies kann in den einzelnen Bundesländern unterschiedlich geregelt sein!*).

Die Möglichkeit, dass Jagdausübungsberechtigte selbst Proben für die Trichinenuntersuchung entnehmen können, hat der Gesetzgeber durch eine 2004 durchgeführte Änderung des seinerzeit noch geltenden Fleischhygienegesetzes (FlHG) und der dazugehörigen Fleischhygiene-Verordnung (FlHV) eröffnet. So kann die **zuständige Behörde** (Veterinäramt) einem **Jagdausübungsberechtigten** für **seinen Jagdbezirk**

1. die Entnahme von Proben zur Untersuchung auf Trichinen und
2. die Kennzeichnung

übertragen. Die Übertragung darf nur erfolgen, wenn

Wildursprungsschein

Land ____________

☐☐☐☐☐☐☐ Nummer der Wildmarke

Jagdbezirk, Erlegungsort ____________

Erleger ____________
(soweit nicht der Jagdausübungsberechtigte)

Jagdausübungsberechtigter ____________

Erlegungsdatum: ________ Zeitpunkt: ________ Uhr

Jagdausübungsberechtigter
Name:
Adresse:
Telefon:
Fax:

Feststellungen des Jagdausübungsberechtigten:

Wild (Geschlecht¹/Gewicht/Altersklasse): m ❑ / w ❑: _____ kg; ca. _____ Jahre

Todesursache¹: ❑ Erlegung ❑ Unfallwild ❑ sonstiges Fallwild

❑ Vor dem Erlegen wurden von mir keine Verhaltensstörungen des Tieres beobachtet.¹

❑ Es wurden bei der Untersuchung des Tieres von mir keine auffälligen Merkmale beobachtet, die darauf schließen lassen, dass das Fleisch gesundheitlich bedenklich sein könnte.¹

Besonderheiten: ❑ Nachsuche ❑ Ansitz/Pirsch ❑ Treib-/Drückjagd

Sonstiges: ____________

Datum — Unterschrift des Jagdausübungsberechtigten

Amtliche Untersuchung nach § 1 Abs. 3 Satz 2 des Fleischhygienegesetzes:

Antragsteller	*Untersucher*
Name:	Name:
Adresse:	Adresse:
Telefon:	Telefon:
Fax:	Fax:

Ergebnis — Unterschrift Untersucher — amtlicher Stempel

¹ Zutreffendes bitte ankreuzen

Vom Gesetzgeber vorgegebener Wildursprungsschein für Schwarzwild, bei dem beauftragte Jagdausübungsberechtigte Proben entnehmen dürfen.

1. keine Tatsachen die Annahme rechtfertigen, dass der Jagdausübungsberechtigte die **erforderliche Zuverlässigkeit** für diese Tätigkeit nicht besitzt und
2. er von der zuständigen Behörde für die Wahrnehmung dieser Tätigkeit **geschult** worden ist«.

In den Fällen, in denen der von der zuständigen Behörde mit der Entnahme der Proben beauftragte Jagdausübungsberechtigte tätig wird, hat er die Untersuchung auf Trichinen unter Verwendung eines vorgegebenen **Wildursprungsscheins** bei der für den **Erlegungsort zuständigen Behörde** anzumelden. Außerdem muss er an jedem der Wildschweine, bei denen er die Proben entnommen hat, eine ihm von der zuständigen Behörde (Veterinäramt) ausgegebene, nicht wieder verwendbare, länderspezifisch gekennzeichnete, numerierte **Wildmarke** anbringen. Die Nummer ist auf dem ihm ebenfalls von der Behörde ausgehändigten **Wildursprungsschein** einzutragen (ein Original mit zwei Durchschriften). Auf dem Wildursprungsschein hat der Jagdausübungsberechtigte nicht nur Ort und Zeitpunkt der Erlegung

einzutragen, sondern auch mitzuteilen, auf welche Weise das Stück zur Strecke kam und ob sein Fleisch nach den Kriterien der Lebensmittelsicherheit und -hygiene genusstauglich ist. Erst wenn die Trichinenuntersuchung abgeschlossen ist und sich keine Auffälligkeiten ergeben haben, darf der einzelne Tierkörper, aber auch Teile von diesem vom Jagdausübungsberechtigten unter Beifügung einer ihm von der Behörde übermittelten Durchschrift des Wildursprungsscheines, kann auch per Telefax erfolgen, an Interessenten (lokaler Wildhandel, Gastronomie, Einzelpersonen) abgegeben werden. Die zweite Durchschrift des Wildursprungscheines hat der Jagdausübungsberechtigte zwei Jahre aufzuheben.
Wer bei in seinem Jagdbezirk erlegten Wildschweinen die Proben für die amtliche Trichinenuntersuchung entnehmen will, hat dies bei der für seinen Jagdbezirk für die Fleischhygieneüberwachung zuständigen Behörde (Veterinäramt) zu beantragen. Diese Behörde – nicht die untere Jagdbehörde oder der Kreisjagdverein – wird die Antragsteller im Sinne einer »kundigen Person« zur Entnahme der Proben etc. gesondert schulen. Dieses wird amtlicherseits dokumentiert.
Wildmarken und Wildursprungsscheine werden durch die nach Landesrecht zuständigen Behörden ausgegeben.

Vorsicht vor Falschbeurkundung!

Der über die Ländergrenzen hinweg substantiell bundeseinheitliche Wildursprungsschein muss vom für die Entnahme von Proben zugelassenen Jagdausübungsberechtigten (oder einer ihm für diesen Bereich durch Landesverordnung gleichgestellten Person) ausgefüllt werden. Anzugeben sind neben Jagdbezirk, Erlegungsort (z. B. Flurbereich) und Erleger das Erlegungsdatum und der Zeitpunkt der Erlegung. Kritisch wird es, wenn der Jagdausübungsberechtigte als Nichterleger des Stückes auf dem Wildursprungsschein bestätigen soll, dass er vor dem Erlegen keine Verhaltensstörungen – wörtlich: »... wurden von mir keine Verhaltensstörungen des Tieres ...« – beobachtet hat. Kreuzt er diese Aussage an, ohne selbst beobachtet zu haben, tätigt er eine Falschaussage und beschädigt damit seine Zuverlässigkeit. Kreuzt er sie nicht an, dann kann die zuständige Behörde mutmaßen, dass Verhaltensstörungen vorgelegen haben und deshalb eine amtliche Fleischuntersuchung anordnen.

Des weiteren muss der Jagdausübungsberechtigte gegenüber der zuständigen Behörde erklären und mit seiner Unterschrift bestätigen: »Es wurden bei der Untersuchung des Tieres **von mir** keine auffälligen Merkmale beobachtet, die darauf schließen lassen, dass das Fleisch gesundheitlich bedenklich sein könnte«. Um dieses mit gutem Gewissen abzeichnen zu können, müssen folgende Voraussetzungen gegeben sein:

- Der Jagdausübungsberechtigte ist fachlich-sachlich in der Lage, solche auffälligen Merkmale, wie sie in der Verordnung (EG) 854/2004 bzw. in der nationalen Verordnung für Gewinnung und Vermarktung von Primärerzeugnissen aufgelistet sind, auch feststellen zu können.
- Der Jagdausübungsberechtigte muss die Eingeweide (Herz, Lunge, Leber, Milz und Nieren, bei Keilern auch die Hoden/Steine) und die Körper der von ihm selbst erlegten Wildschweine, bei denen er die Proben für die amtliche Trichinenuntersuchung entnimmt, auf die angesprochenen auffälligen Merkmale einzeln durchmustern. Finden sich dabei für die Genusstauglichkeit des Wildbrets gesundheitlich bedenkliche Merkmale hat er das entsprechende Stück der amtlichen Fleischuntersuchung zuzuführen oder aber in einer Tierkörperbeseitigungsanstalt zu entsorgen. In allen anderen Fällen, in denen der zur Probenentnahme Berechtigte nicht selbst Erleger des Stückes ist oder als Begleiter des Erlegers bei der Erlegung dabei war, gilt die bisherige Regelung: Entnahme der Proben für die amtliche Trichinenuntersuchung durch einen amtlichen Tierarzt oder einen amtlichen Fachassistenten (bisher Fleischkontrolleur, früher Fleischbeschauer).
- Wildschweine, denen der Jagdausübungsberechtigte Proben entnommen und die er mit einer entsprechenden Wildmarke gekennzeichnet hat (anzubringen an Brust oder Bauch – nicht am Teller!), dürfen nicht sofort – an wen auch immer – abgegeben werden. Sie haben so lange in seiner Verfügungsgewalt zu verbleiben, bis das Untersuchungsergebnis vorliegt und die die Untersuchung durchführende Stelle die Freigabe zur Verwertung erteilt hat.

Anmerkung: will jemand das von ihm erlegte Wildschwein erwerben und von der Strecke gleich mitnehmen, dann muss der Käufer, wie bisher, mit dem Stück einen amtlichen Tierarzt aufsuchen und ihn mit der Entnahme

der Proben und deren Untersuchung beauftragen. Die durchgeführte Untersuchung auf Trichinen sollte er gegenüber dem Jagdausübungsberechtigten dokumentieren, damit dieser bei einem Abgleich von ihm als erlegt gemeldeter mit auf Trichinen untersuchter Stücke Schwarzwild letzteres gegenüber der zuständigen Behörde lückenlos nachweisen kann.
Zuverlässigkeit im Sinne der gesetzlichen Forderung wird bei Jagdausübungsberechtigten generell unterstellt, sofern nicht Umstände bekannt sind oder eintreten, die es ihnen verwehren, ein öffentliches Amt zu bekleiden. Wird allerdings bei der Probenentnahme geschummelt und eine nachgewiesene Falschbeurkundung erstellt, verliert der Jagdausübungsberechtigte die ihm unterstellte Zuverlässigkeit mit allen sich daraus ergebenden Folgen für Waffenbesitz und Jagdpacht.

Bakterien

sind Kleinstlebewesen (Keime) mit einem eigenen Stoffwechsel, die sich durch Teilung vermehren. In einem Umfeld mit Temperaturen zwischen 20 und 45 °C läuft diese Vermehrung besonders rasant ab. Eine gute Säuerung des Fleisches wirkt dieser Vermehrung entgegen und mindert die Zahl der Erreger. Bakterien scheiden Stoffwechselprodukte aus, die sich geruchs- (z. B. urinös) und geschmacksmäßig (z. B. leberartig) auswirken. Verschiedene Bakterien produzieren auch geschmacklich nicht feststellbare, für Mensch und Tier gefährliche Gifte (Toxine). Da unterschiedliche Bakterien nebeneinander existieren, können Veränderungen im Geruch und Geschmack und Giftstoffe gleichzeitig gegeben sein. Bei einer nicht ausreichenden Durcherhitzung von Fleisch (weniger als 80 °C Kerntemperatur) überleben darin enthaltene Bakterien und wirken – je nach Art – infektiös. Auch beim Abtöten aller Bakterien durch Hitze verbleiben eventuell von ihnen produzierte Giftstoffe im Fleisch.

Keimbelastung

des Wildbrets (Vorderlauf- und Keulenmuskulatur) bei Rehwild in Abhängigkeit von Trefferlage und Zeitpunkt des Ausweidens nach Eintritt des Todes (bezogen auf jeweils 100 Stück Rehwild, Prozentanteil gerundet): Haupt-, Träger- oder Kammerschuss – ausgeweidet 30 Minuten nach dem Erlegen: keimfrei 33 Prozent, gering keimhaltig 64 Prozent, stark keimhaltig 3 Prozent; ausgeweidet zwischen 30 Minuten und zwei Stunden nach dem Erlegen: keimfrei 17 Prozent, gering keimhaltig 50 Prozent, stark keimhaltig 33 Prozent; ausgeweidet mehr als zwei Stunden nach dem Erlegen: 17 Prozent gering keimhaltig, 83 Prozent stark keimhaltig. Weidwundschuss – ausgeweidet 30 Minuten nach dem Erlegen: keines keimfrei, gering keimhaltig 75 Prozent, stark keimhaltig 25 Prozent; ausgeweidet zwischen 30 Minuten und zwei Stunden nach dem Erlegen: 14 Prozent gering keimhaltig, 86 Prozent stark keimhaltig; ausgeweidet mehr als zwei Stunden nach dem Erlegen: stark keimhaltig 100 Prozent. Verunfallt mit Verletzung der Bauchorgane – ausgeweidet nach 30 Minuten: gering keimhaltig 65 Prozent, stark keimhaltig 35 Prozent; ausgeweidet zwischen 30 Minuten und zwei Stunden: gering keimhaltig 38 Prozent, stark keimhaltig 62 Prozent; ausgeweidet nach mehr als zwei Stunden: stark keimhaltig 100 Prozent.
(Quelle: Dedek/Steineck – Wildhygiene, 1994)

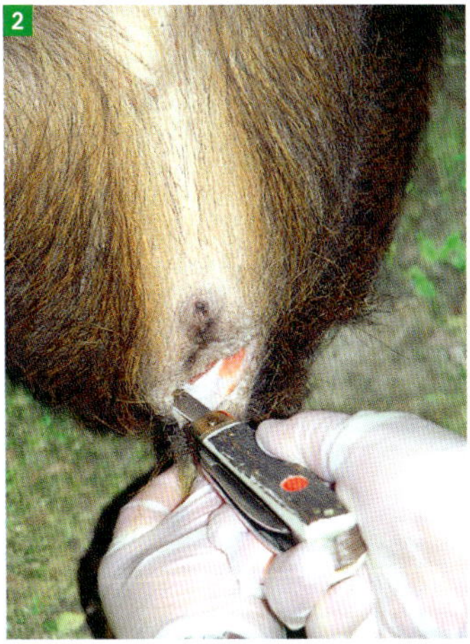

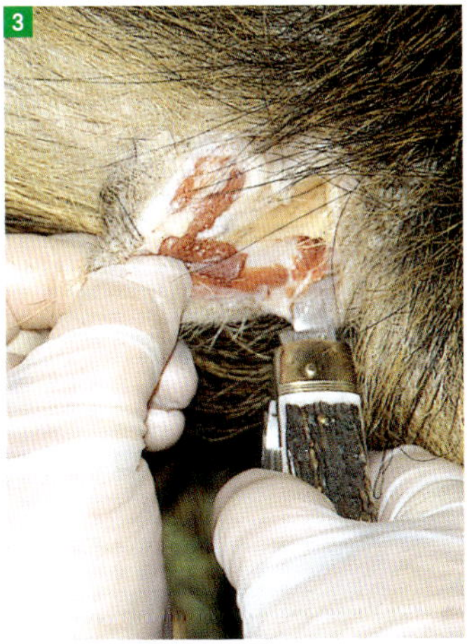

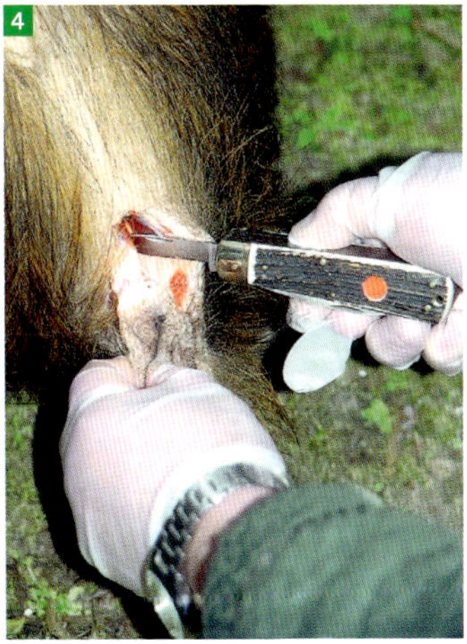

1 Eine Frischlingsbache ist mit Kammerschuss erlegt worden und muss versorgt werden.

2 Mit der kleinen Messerklinge die Schwarte zwischen Weidloch und Kreuzbein quer zum Pürzel aufschärfen.

3 Schwarte mit den Fingern einer Hand fassen und den Weiddarm mit der Messerklinge im Schloss umschneiden.

4 Weiddarm mit Feuchtblatt ein Stück herausziehen. Die mit dem Beckenknochen verbindenden Häute im Schloss umschneiden.

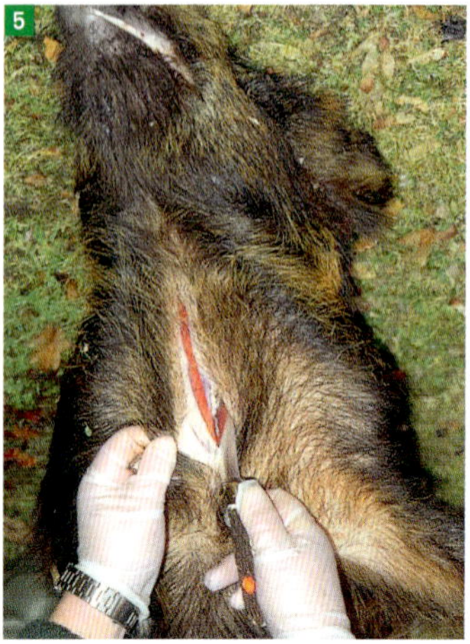

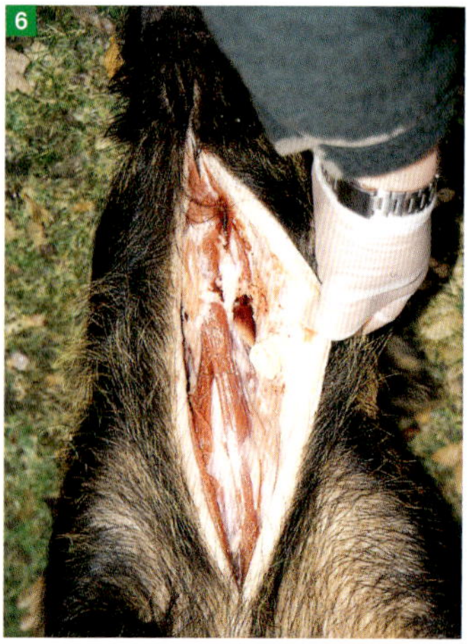

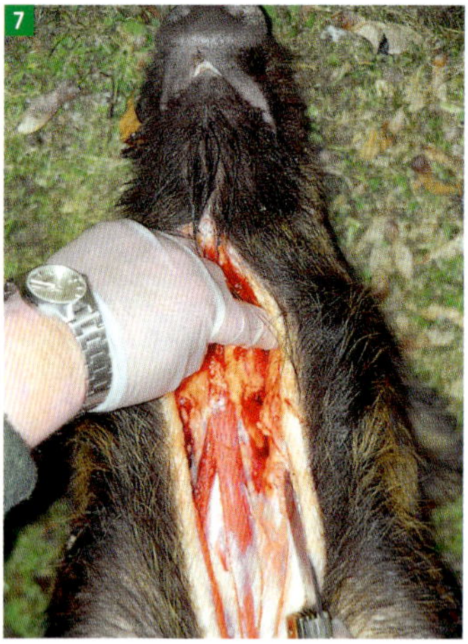

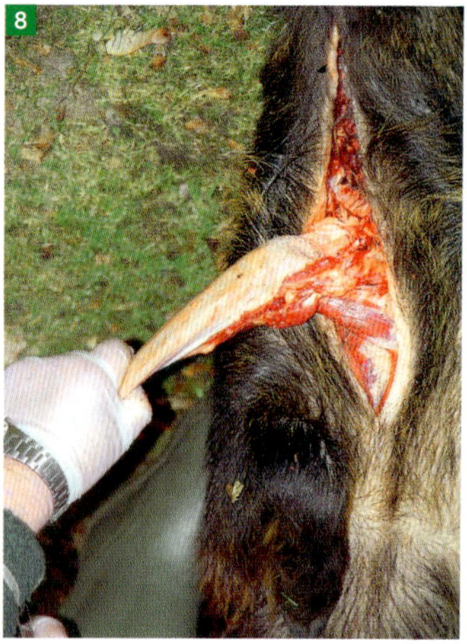

5 Oberhalb des Brustbeins die Klinge ansetzen und die Schwarte entlang des Trägers bis in den Kinnwinkel aufschärfen.

6 Schwarte links und rechts anlösen, so dass Zunge, Drosselknopf, Drossel und Schlund freiliegen.

7 Mit Schnitten entlang der Unterkieferknochen die Zunge im Unterkiefer lösen. Dabei die Zungenbeine brechen.

8 Zunge aus dem Unterkiefer heben, mit anhängendem Drosselknopf, Drossel und Schlund vom Träger lösen, dann zurücklegen.

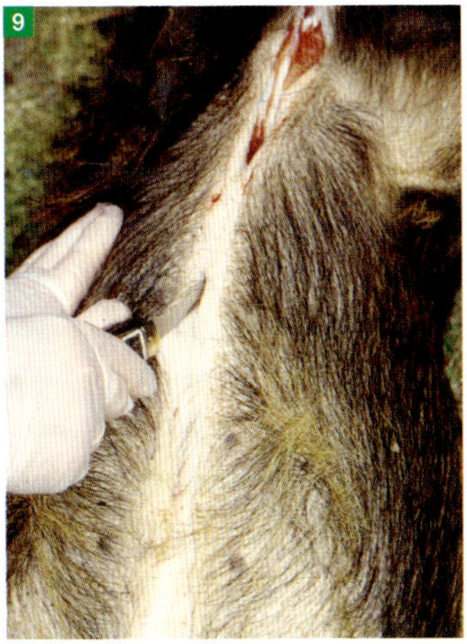
9

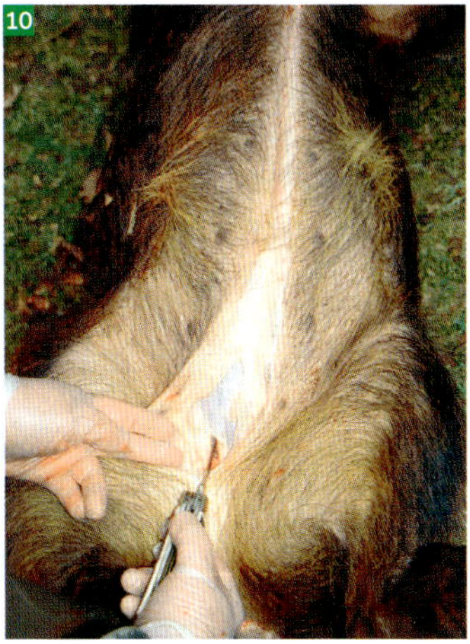
10

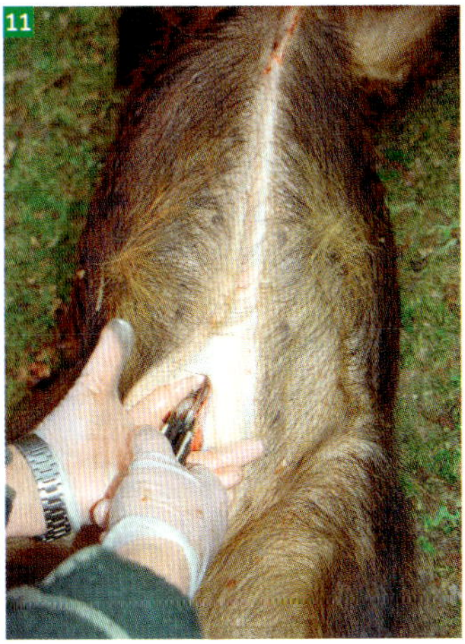
11

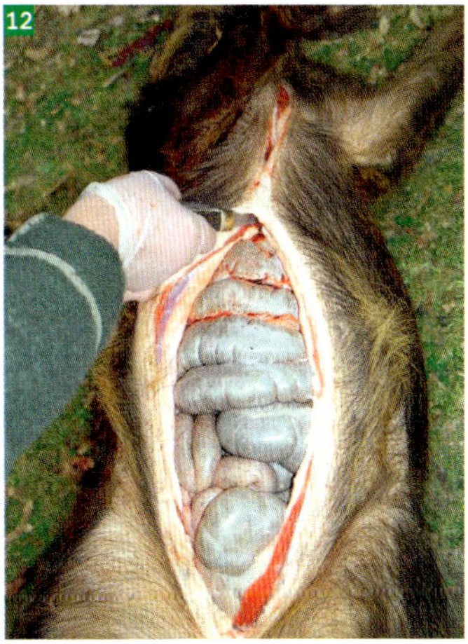
12

9 Mit Ansatz oberhalb der Keulen die Schwarte mittig über der Bauchhöhle bis über das Brustbein aufschärfen.

10 Die weiße Bauchhaut mittig über den Keulen mit der Messerspitze aufritzen, ohne dabei das Gescheide zu verletzen.

11 Die Öffnung mit Zeige- und Mittelfinger spreizen, zwischen den Fingern die Aufbrechklinge ansetzen.

12 Mit zwischen den Fingern geführter Aufbrechklinge die Bauchhaut bis zum Brustbein in einem Zug aufschärfen.

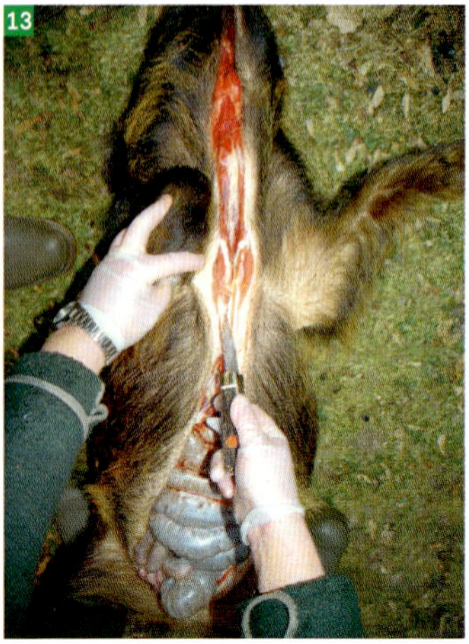

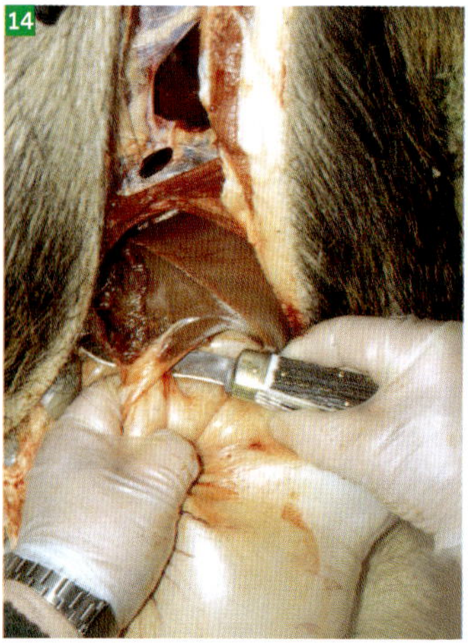

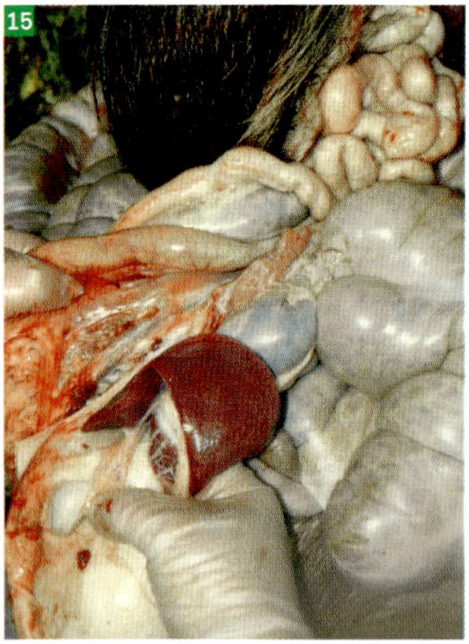

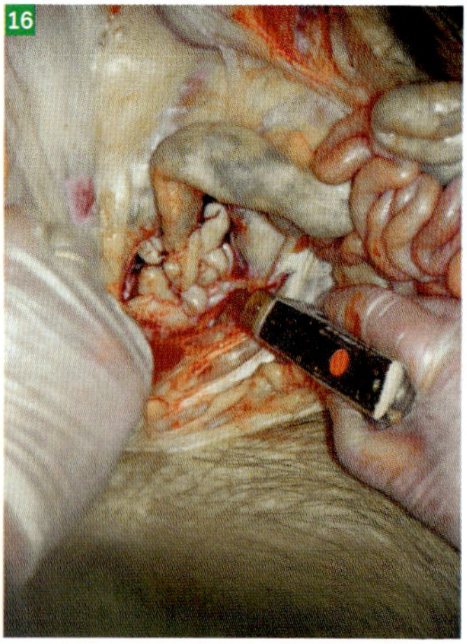

13 Das Brustbein von vorne nach hinten mit einer auf Zug und Druck arbeitenden Sägeklinge aufsägen.

14 Den Schlund oberhalb des Magens von ihn haltenden Muskeln und Häuten lösen und durchschärfen.

15 Leber vom Magen abdrücken, Magen und das anhängende Gescheide aus der Bauchhöhle herausheben.

16 In der Beckenhöhle Weiddarm und Blase rundum freischneiden, dann Weiddarm und Blase nach innen herausziehen.

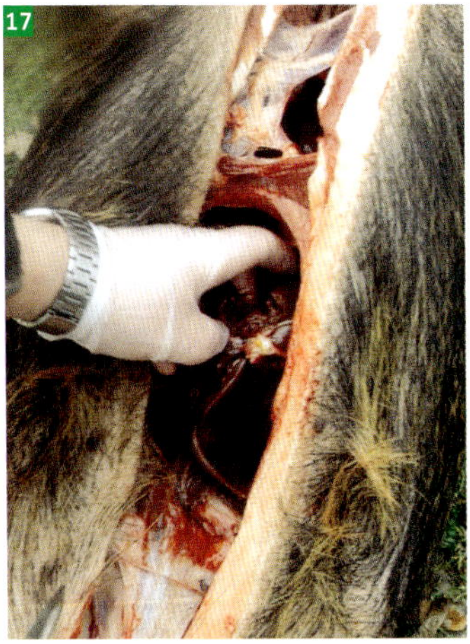

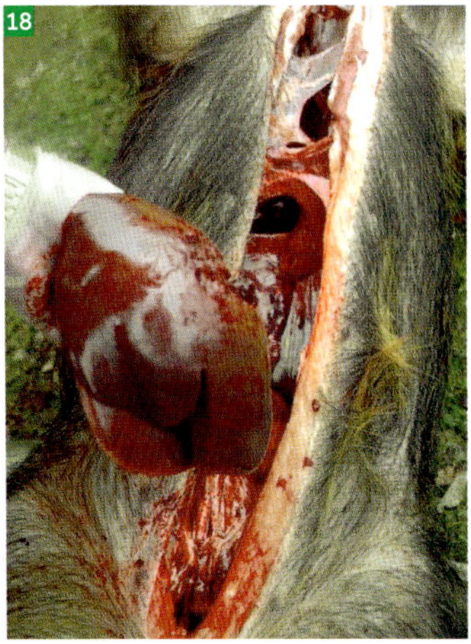

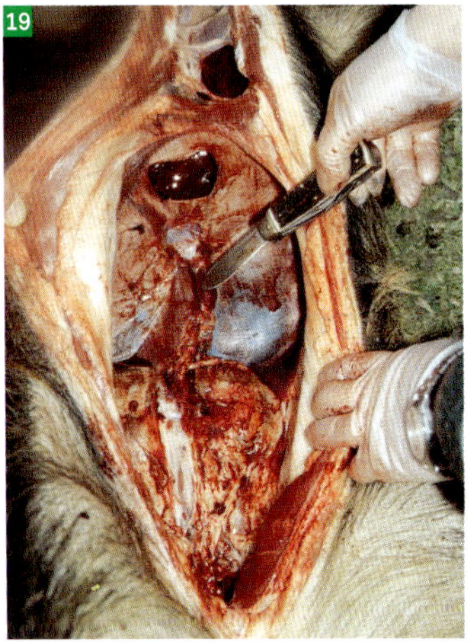

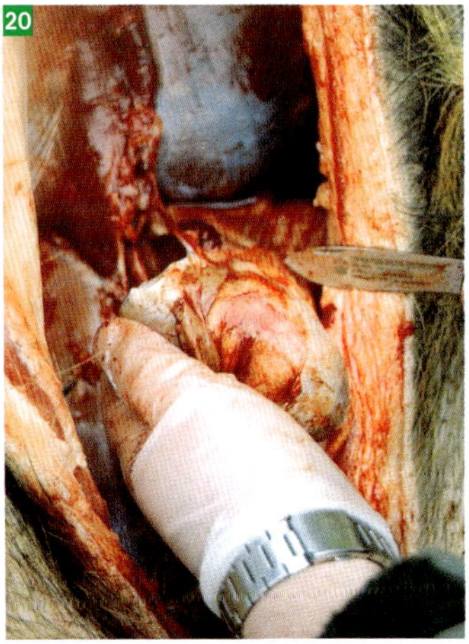

17 In die Bauchhöhle greifen und die am Zwerchfell anhängende Leber mit den Fingern stumpf ablösen.

18 Die Leber aus dem Wildkörper nehmen und auf einer sauberen Unterlage (zum Beispiel Plastikfolie) ablegen.

19 Die Messerspitze zeigt auf die Zwerchfellpfeiler, links und rechts davon das vom Blut im Brustraum vorgewölbte Zwerchfell.

20 Die unterhalb des Zwerchfells liegenden, von Nierenfett eingekapselten Nieren aus dem Wildkörper lösen.

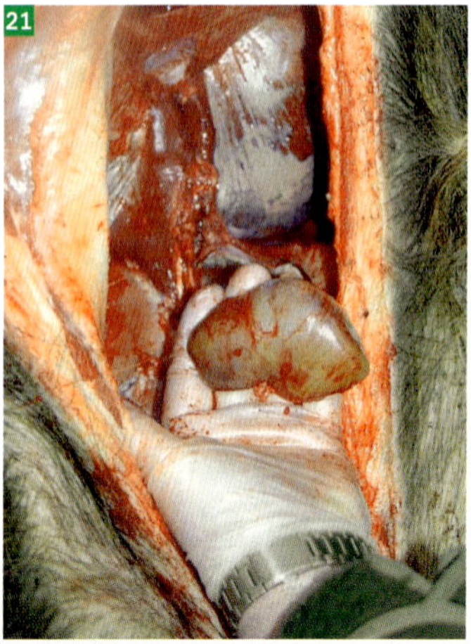

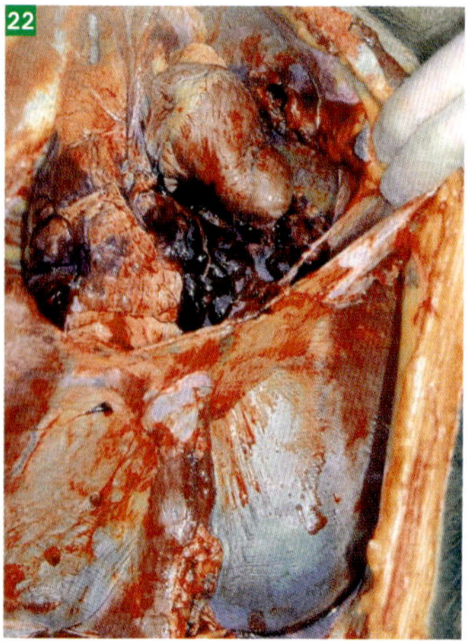

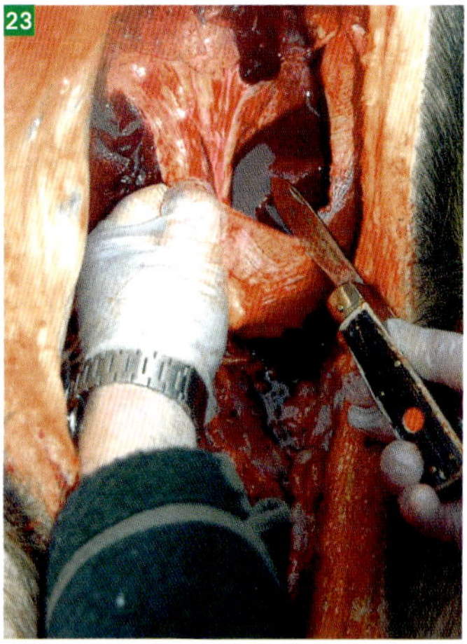

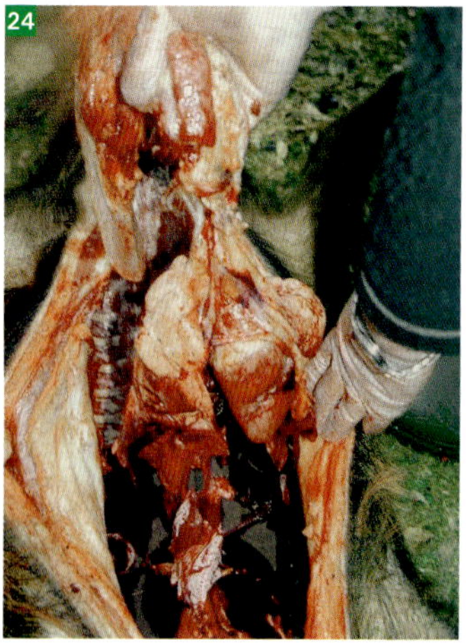

21 Eine der zwei aus dem Nierenfett herausgelösten und nachfolgend zur Untersuchung beiseite gelegten Nieren.

22 Blick in den Brustraum: das zwischen den Lungenflügeln liegende Herz, geronnenes Blut, das gegen das Zwerchfell drückt.

23 Zwischen Zwerchfellpfeiler und Rippenbogen das Zwerchfell aufschärfen, Blut durch Bauchraum und Schloss ablaufen lassen.

24 Zunge mit Drosselknopf, Drossel, Schlund und anhängendem Gelünge (Herz, Lunge) herausziehen und auf sauberer Unterlage ablegen.

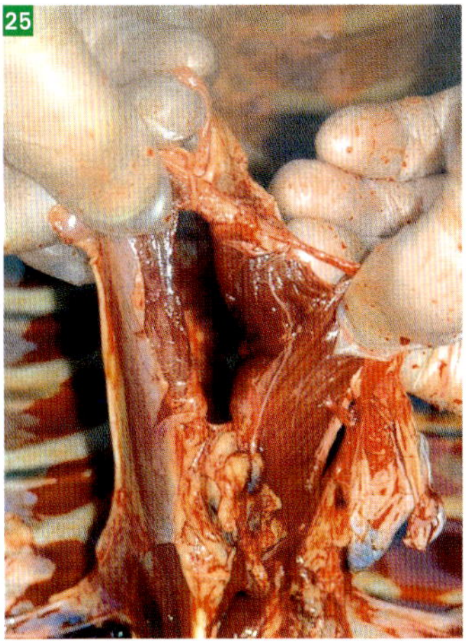

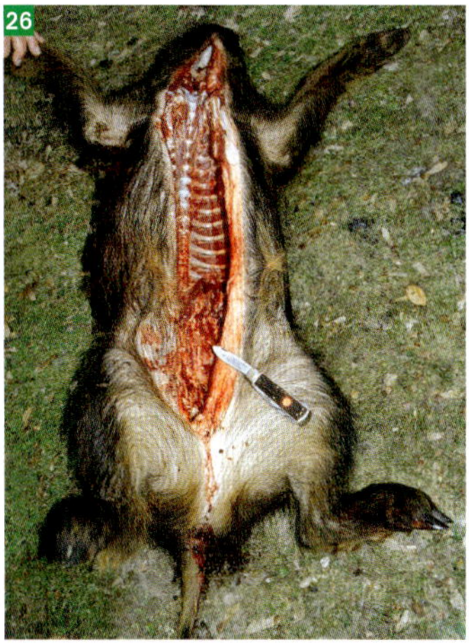

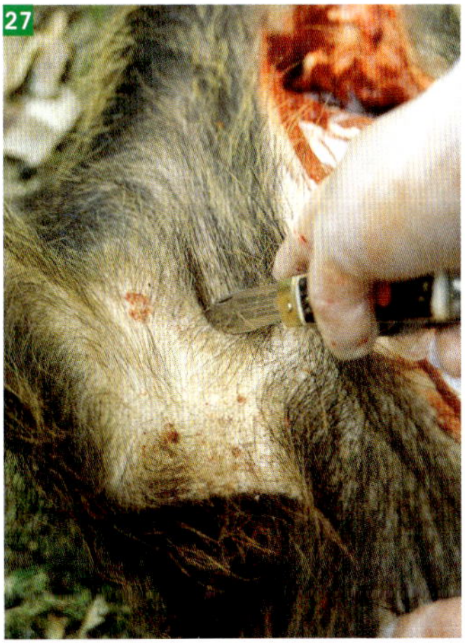

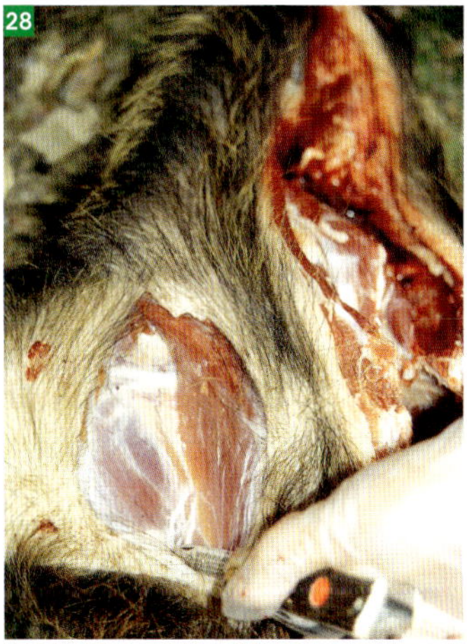

25 Für die Probe für die Trichinenuntersuchung verbleiben die am Rückgrat oberhalb der Filets liegenden Zwerchfellpfeiler und ein Streifen des am Rippenbogen hochlaufenden Zwerchfells.

26 Nach lebensmittelhygienischen Gesichtspunkten ordentlich versorgtes Stück Schwarzwild, das anschließend gekühlt wird.

27 Bei stärkeren Stücken werden zum besseren Auskühlen die Blätter gelüftet: in der Achselhöhle die Schwarte durchschärfen.

28 Öffnungsschnitt zwischen Blatt und Rippenbogen ca. 10 cm tief setzen. Öffnung später mit einem Keil aus Holz oder Kunststoff sperren.

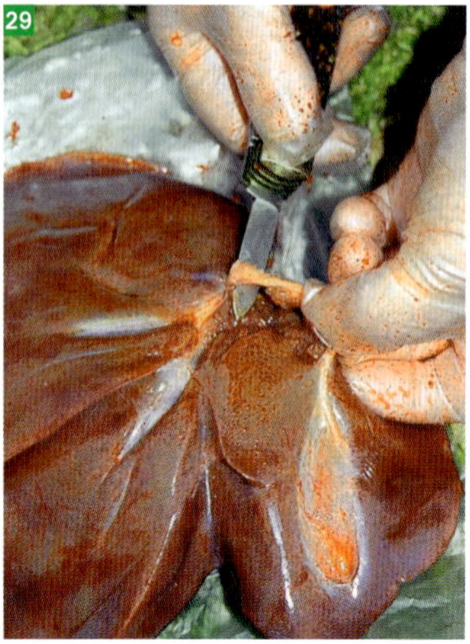

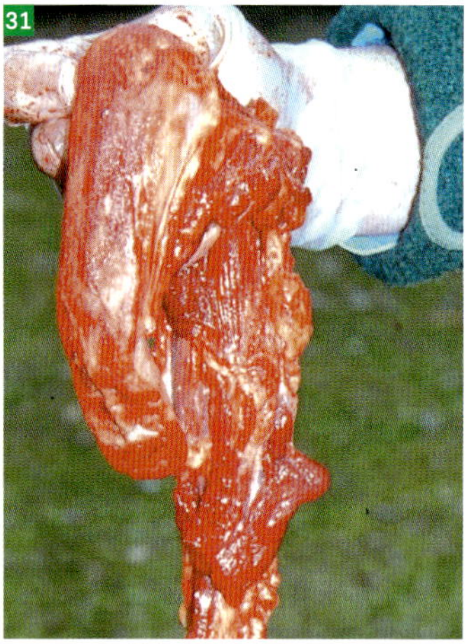

29 Gallenblase entfernen: mit dem Messer den Gallengang durch Unterschnitt ablösen.

30 Gallengang fassen und durch Zug mit der anhängenden Gallenblase von der Leber abziehen.

31 Zur Untersuchung: Zunge mit Drosselknopf, Drossel, Schlund, Herz und Lunge.

32 Die Lunge, wichtiger Indikator dafür, ob das Stück gesund oder krank ist.

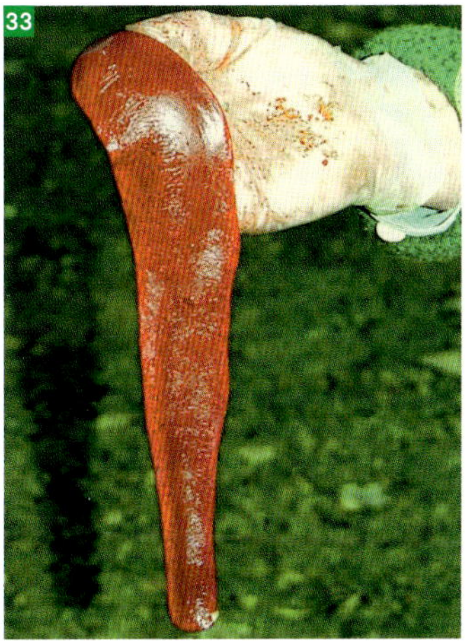

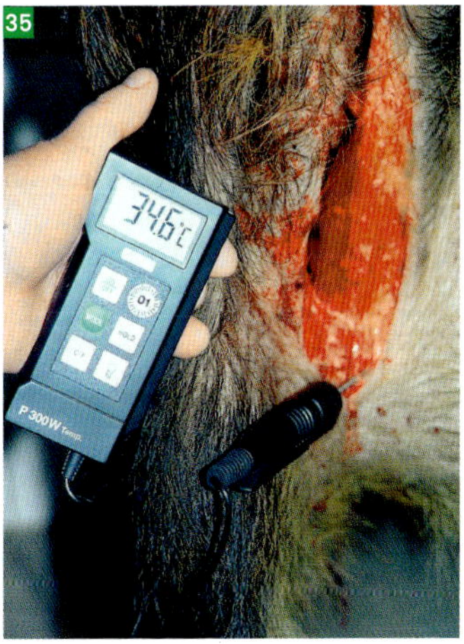

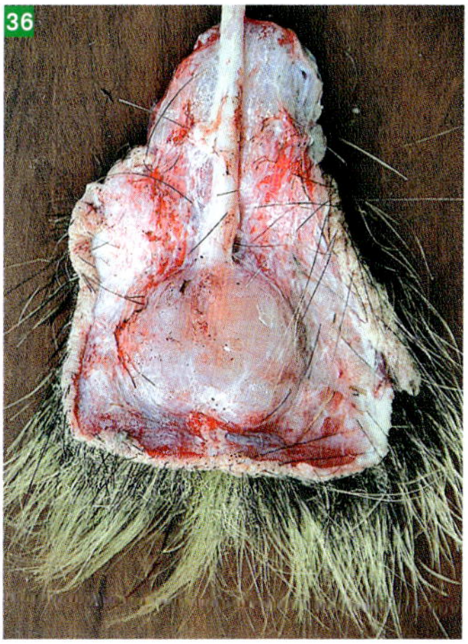

33 Auch an der Milz kann man sehen, ob das Stück krank ist oder nicht.

34 Von Magen und Darm gelöstes Netz auf Einschlüsse (Wassertropfen) von Bandwurmfinnen untersuchen.

35 Zwei Stunden nach dem Erlegen und -5 °C Außentemperatur liegt die Keulenkerntemperatur bei 34,5 °C.

36 Vorhautbeutel/Nabelbeutel – beim Keiler eng am Harnleiter anliegend – enthält ein stinkendes schmieriges Sekret.

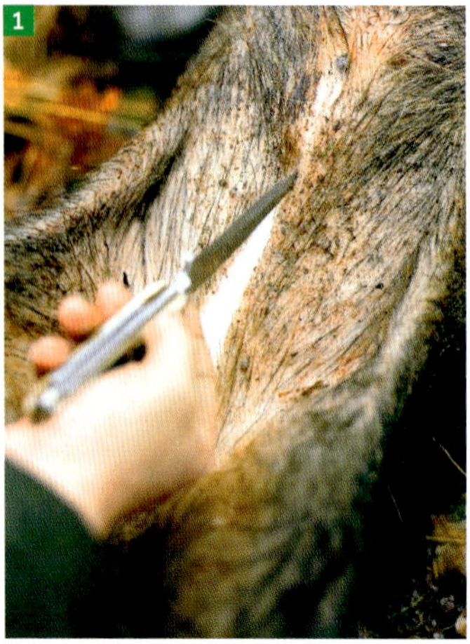

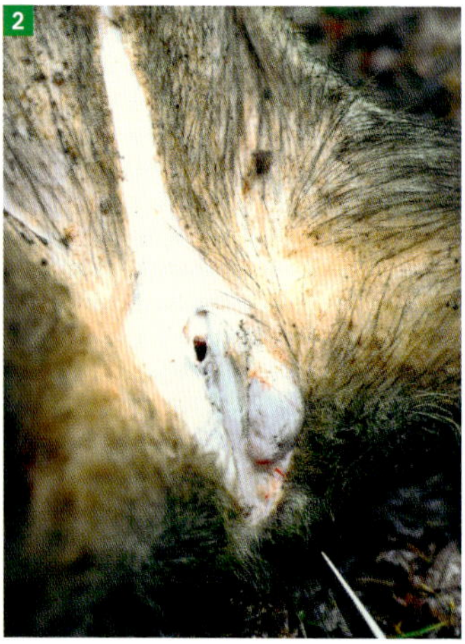

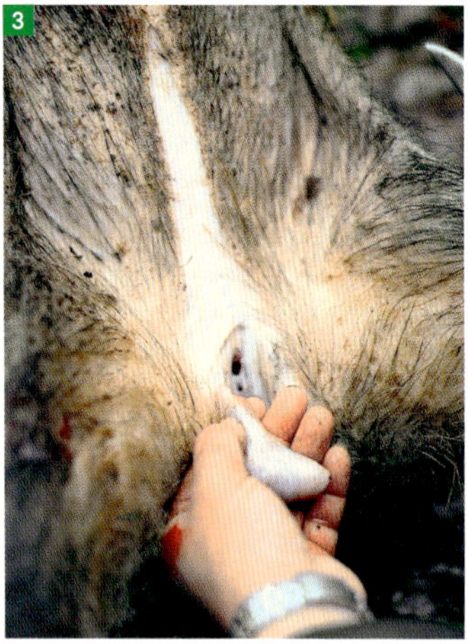

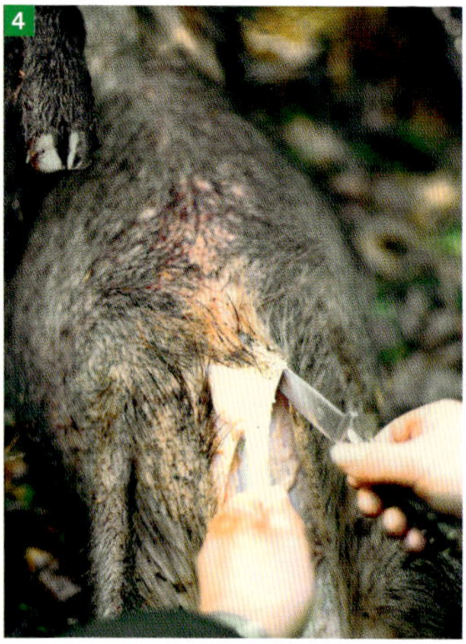

1 Zwischen den Steinen (Hoden) die Schwarte aufschärfen.

2 Die Steine durch Ablösen der Schwarte freilegen.

3 Steine fassen und mitsamt Samenstrang herausziehen.

4 Pinsel fassen und mitsamt Schwarte Richtung Weidloch ablösen.

Was viele Jagdscheininhaber nicht wissen: die für die Trichinenuntersuchung wichtigen Zwerchfellpfeiler (Nierenpfeiler) sitzen in der Körpermitte oberhalb der kleinen Filets (siehe S. 63, Bild 25). Entlang der Rippen verläuft das Zwerchfell.

Die Direktvermarktung von Wild

– von vielen Revierinhabern als Alternative für beim Wildgroßhandel nicht oder nur zu »Dumpingpreisen« absetzbares Wild neu entdeckt, hat nicht nur ihre Tücken, sondern setzt auch Investionsbereitschaft voraus: in Räumlichkeiten (Kühlkammer, Zerwirkraum) und Ausrüstungsgegenstände, die jene Lebensmittelhygiene gewährleisten, die der Käufer des Wildbrets zu recht erwarten kann und der der Revierinhaber rechtlich verpflichtet ist. Wer nicht nur gelegentlich das eine wie andere Stück vom an sich für die eigene Küche erlegten Wild an Freunde und Verwandte abgibt, sondern auf Dauer sein Wild direkt vermarkten will, wird nach Gesetz Lebensmittelunternehmer. Sein Revier ist dann ein Lebensmittelunternehmen mit Primärproduktion. Als Lebensmittelunternehmer hat er sich um die Sicherheit des von ihm vermarkteten Produktes zu kümmern (Produkthaftungsgesetz) und alles zu unterlassen, was die Gesundheit des Verbrauchers beim Verzehr des Wildbrets gefährden kann.

In der Praxis bedeutet dies, dass er alles Wild hinsichtlich seiner Verwertbarkeit nach den gleichen Kriterien zu beurteilen hat wie ein amtlicher Tierarzt (siehe hierzu im Anhang Verordnung (EU) Nr. 854/2004 sowie die Verordnung zu Wild und Wildgeflügel). Kein Wild darf unausgeweidet an Endverbraucher oder Einzelhandel abgegeben werden, also auch Hase, Kanin und Federwild nicht. Wer es dennoch tut, der begeht eine Straftat. Obwohl dies schon seit zwei Jahrzehnten rechtlich so vorgegeben ist, wurde in der Vergangenheit immer wieder und zum Teil massiv dagegen verstoßen.

Voraussetzungen

Wer Wild direkt vermarkten will, der muss folgende Voraussetzungen erfüllen:

1. Er muss über ausreichende und leistungsstarke Kühlmöglichkeiten verfügen, in die das erlegte Wild nach Beginn der Totenstarre verbracht wird. Dort sollte es innerhalb 24/12 Stunden eine in der Keule gemessene Kern-

Zur weiteren Verarbeitung für Küche und Tiefkühltruhe sauber gewonnene Wildbretteile vom Rotwild.

temperatur von 7 °C (Schalenwild) bzw. 4 °C (Hase, Kanin, Federwild) erreicht haben. Merke: zuviel Wild in einer Kühlkammer verzögert den Abkühlungsprozess, so dass die erforderliche Kerntemperatur erst nach der doppelten oder gar dreifachen Zeit (schweres Wild) erreicht wird.

2. Er muss über eine Räumlichkeit für das Aus-der-Decke-schlagen (Abschwarten, Abbalgen, Rupfen oder Häuten) und das Zerwirken verfügen, die hygienischen Mindeststandards genügt. Das erfordert
   - ausreichende Lichtverhältnisse, um für die Verzehrfähigkeit bedenkliche Merkmale am Wildkörper erkennen zu können;
   - abwaschbare Wände und Boden, damit diese leicht zu reinigen und gegebenenfalls zu desinfizieren sind.
   - fließendes warmes und kaltes Wasser mit einem ausreichend großen Handwaschbecken und die Verwendung von Papier-Einmaltüchern (z. B. Küchenkrepp).
   - Fenster, die gegen Einflug von Fliegen, Wespen und sonstigen Insekten durch ein entsprechendes Gitter geschützt sind.

Hinweis: das Aus-der-Decke-schlagen (Abschwarten, Abbalgen) und Zerwirken in einer Scheune, einem Lagerschuppen, einer Werkstatt o. ä. sowie im Freien – ob überdacht oder nicht – entspricht nicht den Anforderungen an eine zeitgemäße Wildbrethygiene.

Wer Wildbret für die Direktvermarktung zurichtet, der hat ein Mindestmaß an hygienischen Vorgaben zu erfüllen.

3. Er muss über Arbeitsgeräte verfügen, die hygienisch einwandfrei und leicht zu reinigen bzw. nachfolgend zu desinfizieren sind. Dazu zählen
   - ein Zerwirktisch, dessen Arbeitsplatte so beschaffen ist, dass sie sich nach jedem Gebrauch (d.h. nach jedem zerwirkten Stück!) leicht reinigen lässt.
   - Behältnisse (Wannen, Eimer, Schüsseln) zur Aufnahme der für die Vermarktung vorgesehenen Fleischstücke und für anfallenden Abfälle, die nach Gebrauch leicht zu reinigen und zu desinfizieren sind,
   - ein Schutzhandschuh, der die das Messer nicht führende Hand vor Schnittverletzungen schützt.
   - verschiedene Messer, die schnitthaltig und leicht zu reinigen sind, außerdem Wetzstahl oder Schärfmaschine.
   - eine professionelle, leicht zu reinigende Knochensäge, wie sie im Fleischerfachbedarf erhältlich ist.

4. Er muss über eine hygienisch einwandfreie und leicht zu reinigende Arbeitskleidung verfügen. Dazu gehören
   - jeweils eine abwaschbare große Metzgerschürze, wie sie im Fachhandel erhältlich ist, für das Enthäuten des Wildes und für das Zerwirken.

   Hinweis: gute Dienste leisten auch weiße Einmalschürzen, wie sie in Arztpraxen Verwendung finden und über jede Apotheke in größerer

Stückzahl bezogen werden können. Ebenso Latex-Einmalhandschuhe, wie sie für das Versorgen von Wild vonnöten sind. Die Einmalschürzen kosten in der Verpackungseinheit von 100 Stück und in der Größe 80 x 140 cm ca. 16,60 € (Fa. Dahlhausen, Köln, PZN: 8826107) und die Einmalhandschuhe aus Naturlatex in der 100 Stück-Packung ca. 9,50 € (Fa. Braun, Melsungen, PZN: 4783708).

- ein Kopfschutz, um eine Kontamination des Fleisches mit Haaren und Haarschuppen zu vermeiden.
  Hinweis: zweckmäßig sind hier sogenannte Duschhauben, wie sie in Drogerien erhältlich sind.

Anforderungen an das zu vermarktende Wild

Wild, das vom Revierinhaber als Lebensmittelunternehmer (oder von einer von ihm beauftragten Person) als Primärerzeugnis als Ganzes im Haar- oder Federkleid oder in Teilstücke zerwirkt an Endverbraucher und/oder an den Einzelhandel abgegeben wird, sollte folgenden Anforderungen genügen:

- nicht durch Flucht und Hetze gestresst,
- mit gutem Schuss (Trägeransatz oder Kammer) erlegt,
- spätestens eine Stunde nach dem Erlegen ausgeweidet,
- nach an Haupt und Träger begonnener Totenstarre in eine Kühlung verbracht,
- keine der im Anhang aufgelisteten, für die Verzehrfähigkeit des Wildbrets bedenklichen Merkmale aufweisen,
- im Wildbret ausreichend gereift sein *(je nach Stärke des Wildkörpers 36 bis 92 Stunden).*

Minderung der Wildbretqualität

Diese ist immer dann gegeben, wenn das Wild

- auf Drückjagden flüchtig anwechselnd erlegt wurde,
- waidwund geschossen und im Umkreis von 50 m vom Anschuss nicht innerhalb kurzer Zeit zur Strecke kam,
- auf der Nachsuche verendet aufgefunden oder zur Strecke kam,
- nicht innerhalb von zwei Stunden nach dem Erlegen ausgeweidet wurde.

Genussuntaugliches Wildbret

Hierbei handelt es sich um das Fleisch von Wildtieren, die

- verunfallt sind, ungeachtet dessen wann sie aufgelesen wurden,
- die mehrere Stunden nach dem Schuss *(z. B. über Nacht)* verendet aufgefunden wurden,
- deren Bauchhöhle durch Schusseinwirkung oder ungeschicktes Aufbrechen mit Darm- und Mageninhalt verschmutzt wurde,
- die mit einer alten, offenen Verletzung erlegt wurden *(das kann ein nicht ausgeheilter Streifschuss ebenso sein wie ein offener Knochenbruch, der z. B. von einem mehrere Stunden oder Tage alten Laufschuss stammt)*

und natürlich

- als Fallwild aufgefunden werden.

Bauchhöhle eines Frischlings, bei dem durch mangelhafte Fertigkeit im Aufbrechen Weiddarm, Dünndarm und Magen angeschnitten wurden. Ihr Inhalt hat den Wildkörper verschmutzt. Der die Proben für die amtliche Trichinenuntersuchung entnehmende amtliche Tierarzt erklärte auf Nachfrage, dass das Wildbret dieses Frischlings aus lebensmittelhygienischer Sicht nicht verwertbar sei. Da das Stück vom Verfügungsberechtigten nicht zur amtlichen Fleischuntersuchung, sondern nur zur Trichinenuntersuchung angemeldet worden war, wurde der Frischling in Teilstücke zerwirkt und verwertet.

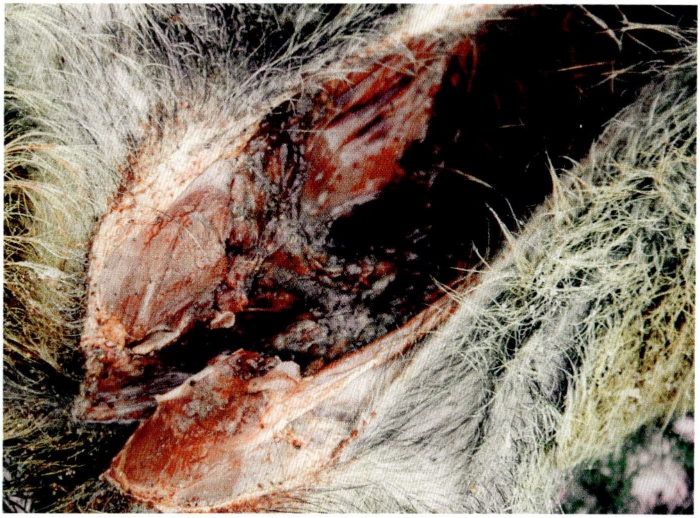

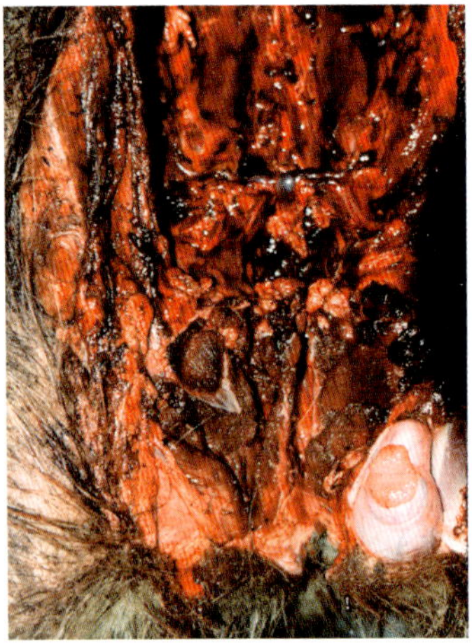

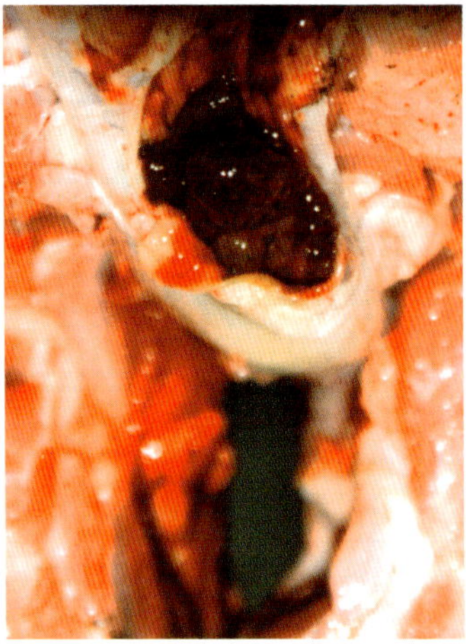

Ein auf einer Drückjagd mit gutem Schuss erlegter Überläufer, der in der Direktvermarktung an einen Endverbraucher abgegeben wurde. Das Stück Schwarzwild war mit folgenden Mängeln behaftet: der das Stück versorgende Erleger beherrschte das Aufbrechen nicht, so dass die Hoden am Stück verblieben (Bild links). Statt das Schloss zu eröffnen wurde an diesem vorbei der Beckenknochen durchgesägt und wertvolles Wildbret zerstört. Im Schloss verblieb ein Stück Weiddarm samt Inhalt (Bild rechts). Außerdem wurde beim Eröffnen der Bauchhöhle der Darm angeschnitten …

Rehwild aus der Decke schlagen und zerwirken

(gilt auch für Gams- und Muffelwild)

1
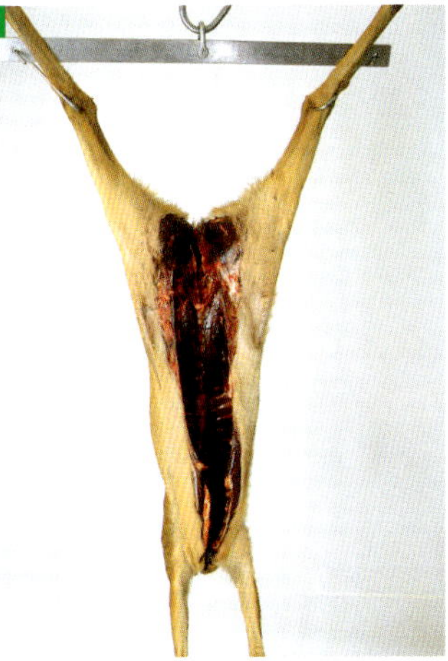

2
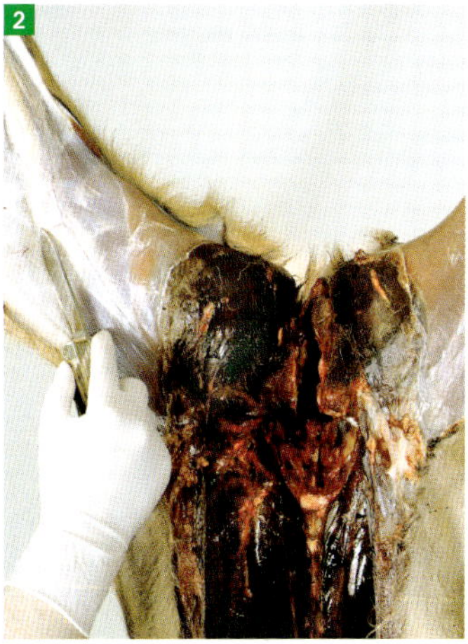

3
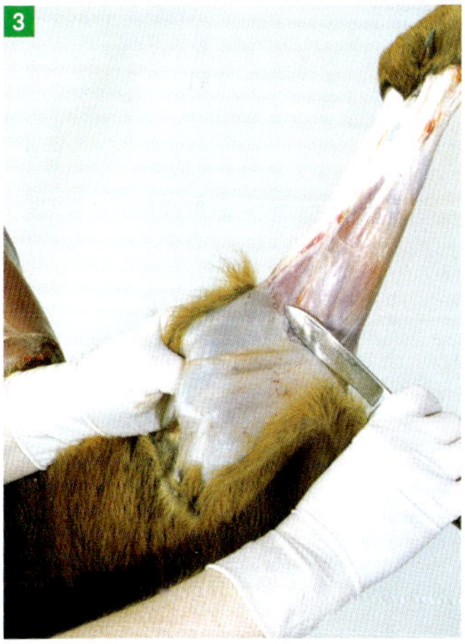

4
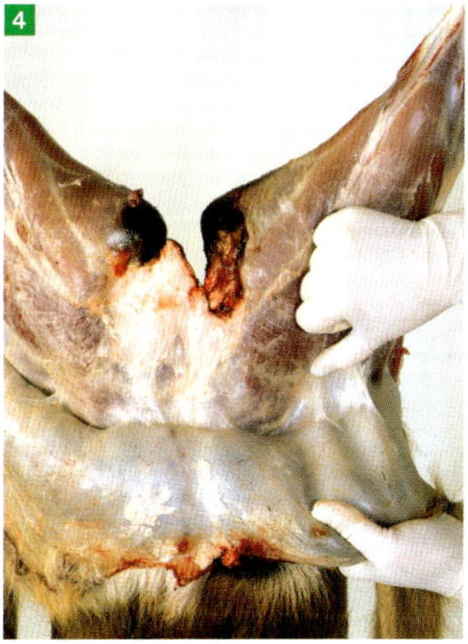

1 Das Stück mit den Hinterläufen über Fleischerhaken an einem Bandeisen aus Edelstahl aufhängen.

2 Die Decke an der Keuleninnenseite durch Zug und Trennschnitte im Bindegewebebereich ablösen.

3 Die Decke am Sprunggelenk abschärfen und an der Keulenaußenseite vom Fleisch ablösen.

4 Die Decke in Spannung halten. Mit dem Daumen der anderen Hand die Unterhaut abdrücken.

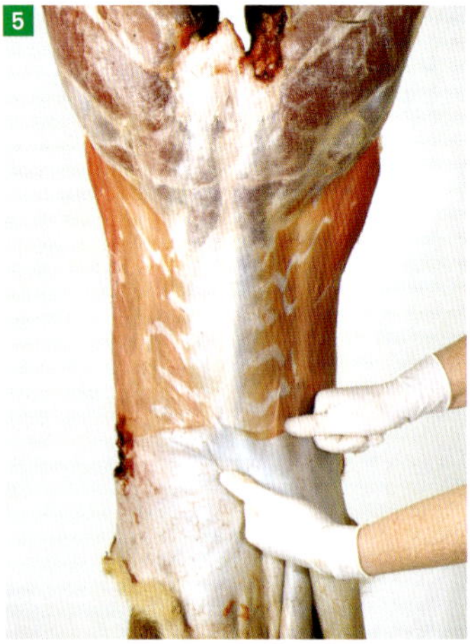

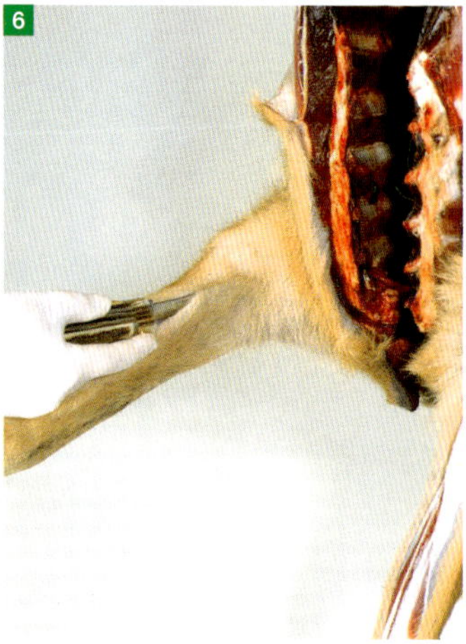

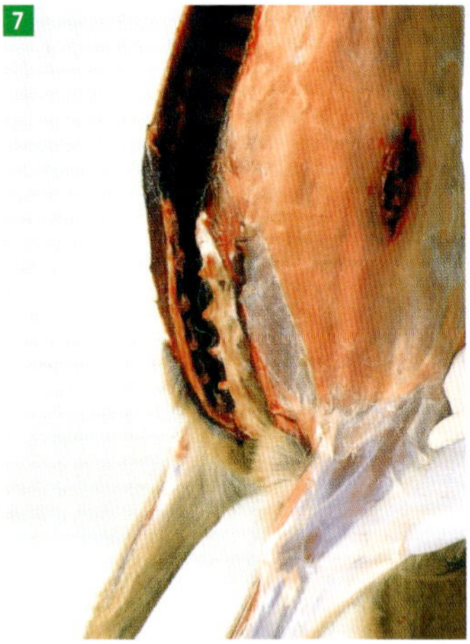

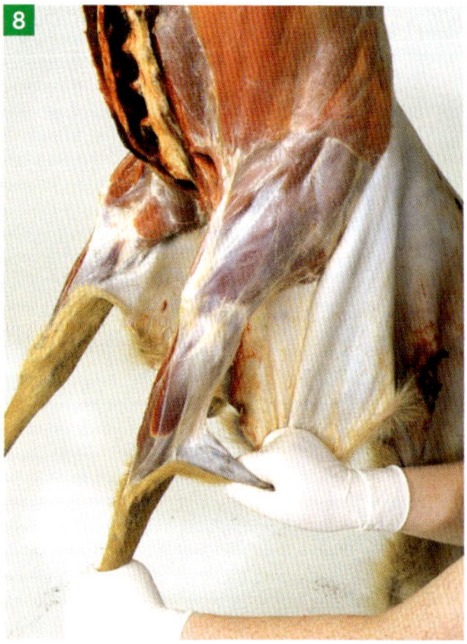

5 Am Rücken die Unterhaut mit dem Daumen von der Decke schieben. Die Unterhautzeichnung zeigt sich.

6 An der Unterseite der Läufe die Decke vom Sprunggelenk bis zum Brustbein aufschärfen.

7 Das Blatt durch Abziehen der Decke bei gleichzeitigem Gegendruck der Faust freilegen.

8 Vorderlauf mit einer Hand fassen und mit der anderen Hand die Decke über das Sprunggelenk abziehen.

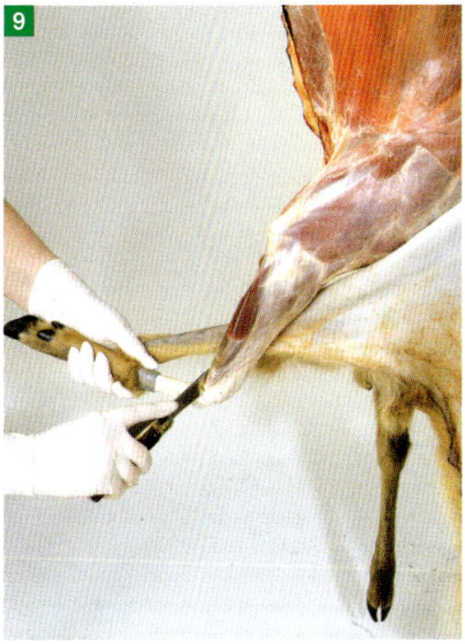

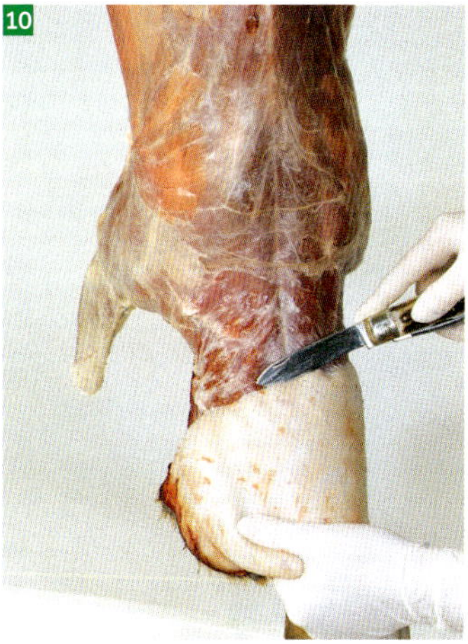

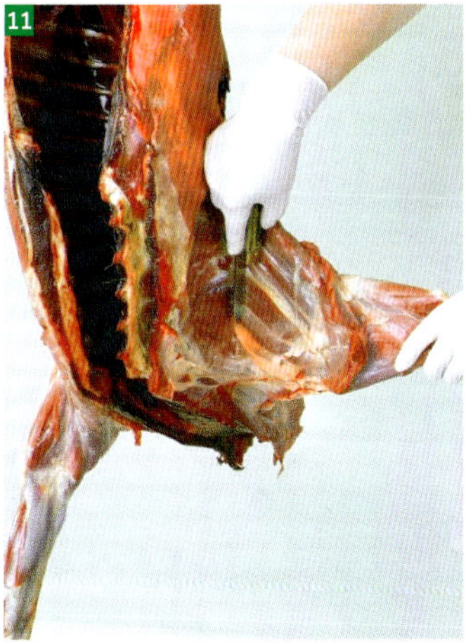

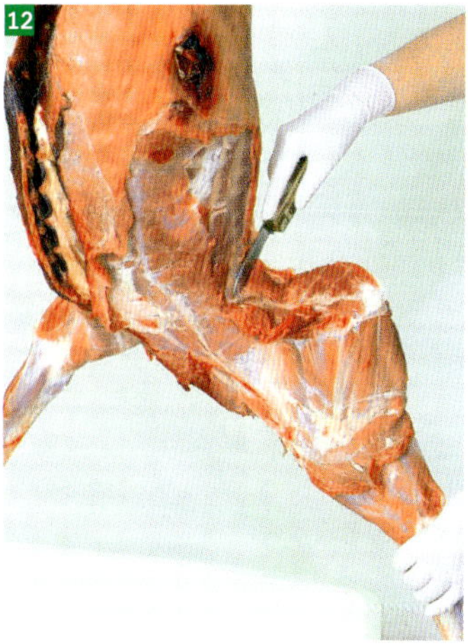

9 Vorderläufe im Handwurzelgelenk umschneiden und durch das Gelenk abschärfen.

10 Die Decke im Bereich des Trägers mit kleinen Schnitten vollends vom Wildkörper ablösen.

11 Das Blatt abspreizen. Den Schnitt zwischen Brustkorb und Blattschaufel führen.

12 Bei den letzten Schnitten darauf achten, dass die Rückenmuskulatur nicht angeschnitten wird.

13
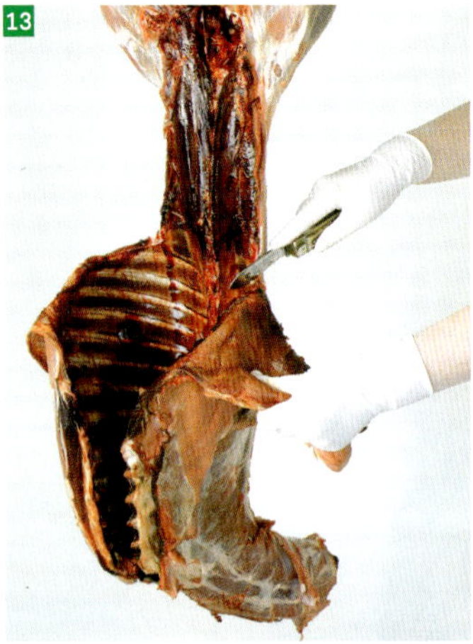

14
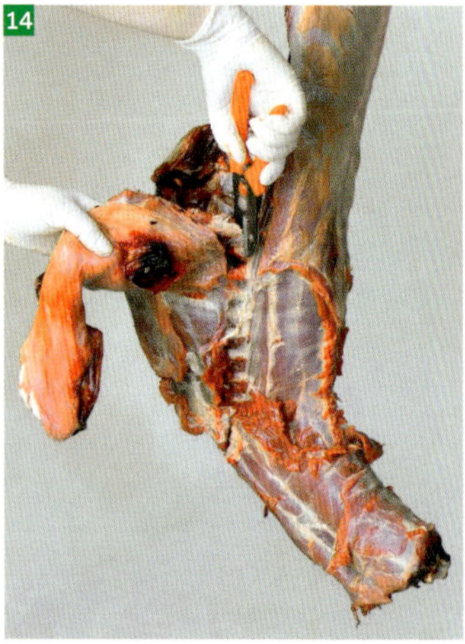

15

16
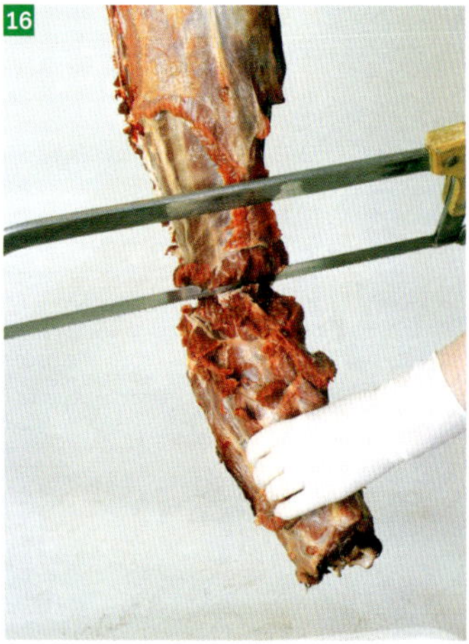

13 Unterhalb des Rückenmuskels die Bauchlappen bis zur ersten Rippe herunterschärfen.

14 Mit einer Aufbrechzange oder Rosenschere die Rippen durchtrennen.

15 Im Bereich des Übergangs vom Rücken zum Träger die Rippenbögen vom Wildkörper ablösen.

16 Mit einer Knochensäge den Träger (kurz oder lang) vom Rücken abtrennen.

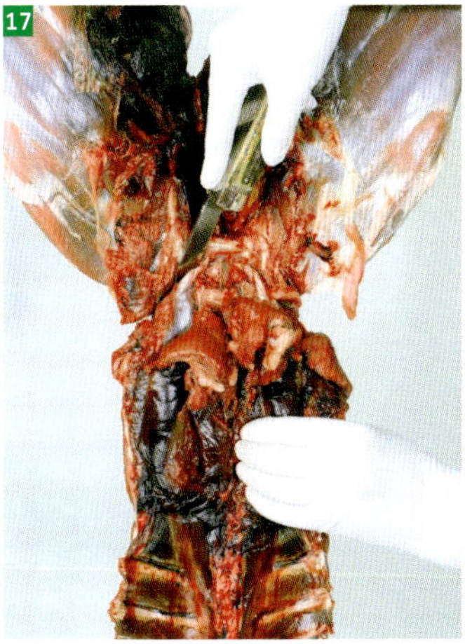

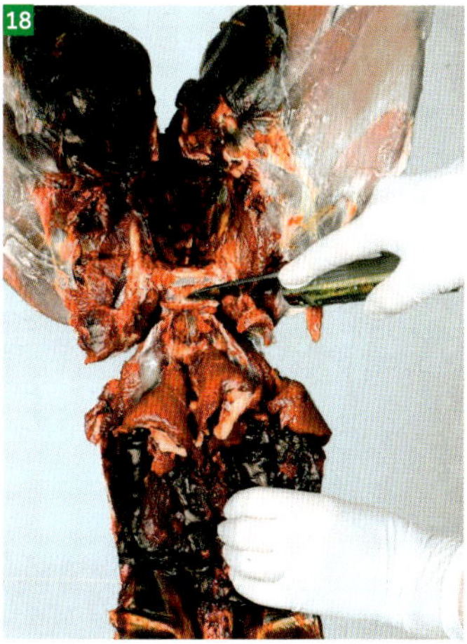

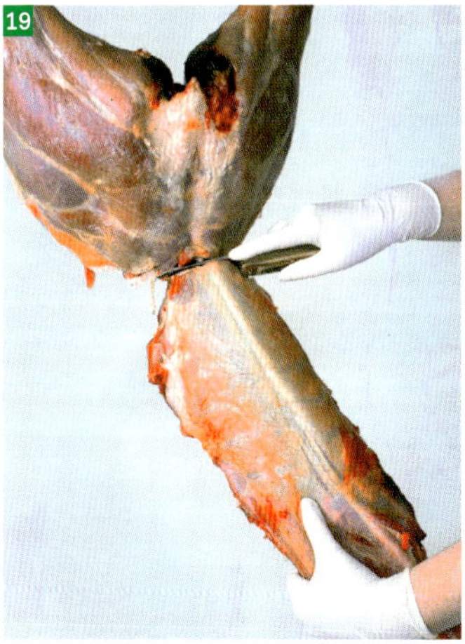

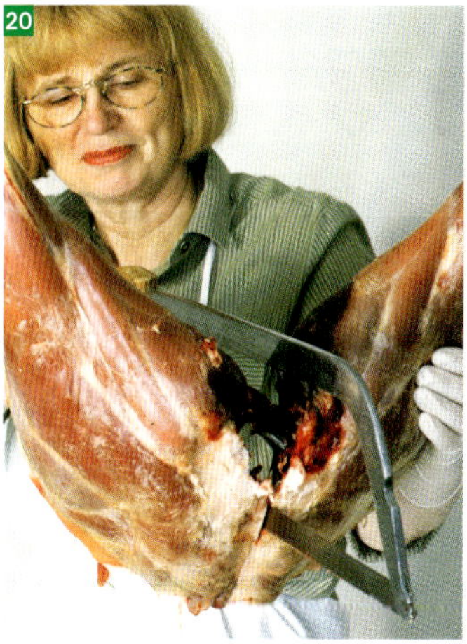

17 Zwischen Beckenknochen und Lendenwirbel beidseitig in Richtung Kreuzbein schneiden.

18 Den Rücken mit einer Hand festhalten und am Übergang zum Kreuzbein den Wirbel durchschneiden.

19 Den Rücken nach hinten drücken und von der Rückenoberseite vom Kreuzbein abschneiden.

20 Mit der Knochensäge das Kreuzbein durchsägen. Im Sprunggelenk die Keulen abtrennen.

Rotwild aus der Decke schlagen und zerwirken

Wer nach erfolgreicher Hochwildjagd ein Stück Rotwild, Damwild oder Sikawild für die eigene Küche erwirbt, der muss es nach der Fleischreifung (abhängig vom Gewicht des Stückes zwischen 72 und 96 Stunden nach dem Erlegen) aus der Decke schlagen und zerwirken. Eine Tätigkeit, die einige Zeit in Anspruch nimmt und eines entsprechenden Raumes bedarf.
Die in der Bildfolge dargestellte Schnittführung wird auch beim Enthäuten und Zerteilen von Elchwild und Rentier, aber auch bei Steinwild, Muffelwild und Gams angewendet. Je größer der Wildkörper, desto hilfreicher ist eine zweite Person, die dem am Wildkörper Arbeitenden zur Seite steht. Das Tragen von Einweghandschuhen und einer entsprechenden Schutzkleidung sollte ebenso selbstverständlich sein, wie die Verwendung eines vor Stich und Schnitt schützenden Handschuhes an der das Messer nicht führenden Hand. Der Schutzhandschuh selbst wird unter dem Einweghandschuh getragen.

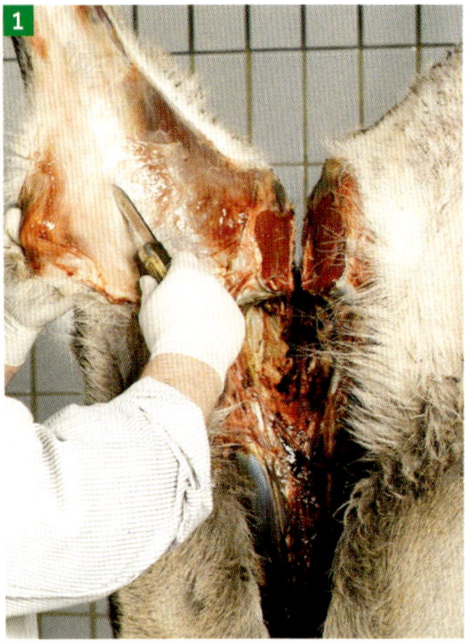

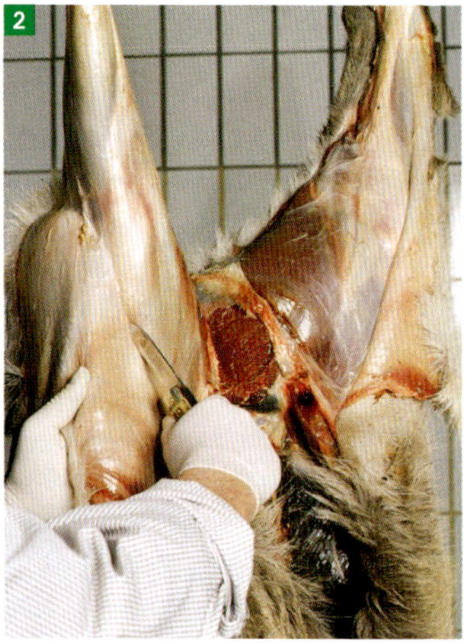

1 Decke vom Schloss entlang des Hinterlaufes aufschärfen, mit der Hand abziehen und durch Schnitt im Unterhautgewebe bis zum Sprunggelenk abschärfen.

2 Decke mit der einen Hand unter Spannung halten und mit kleinen Schnitten rundum von den Keulen abschärfen. Dabei Schnitte in das Wildbret vermeiden.

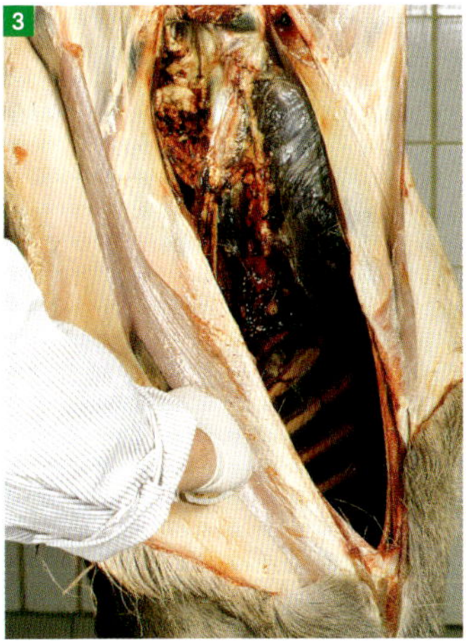

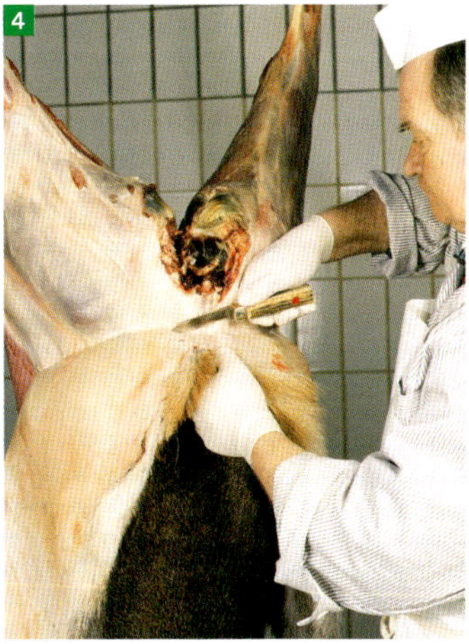

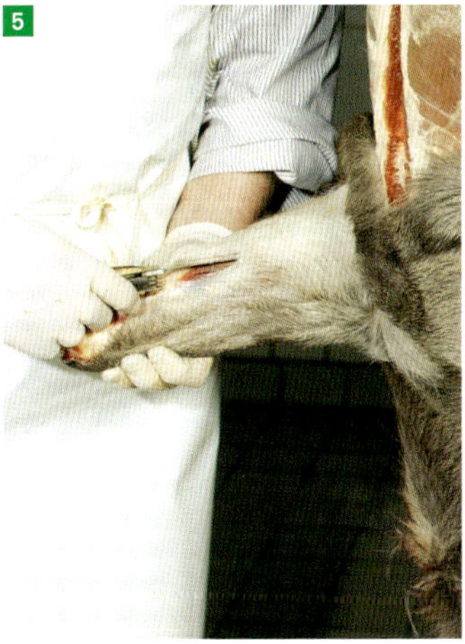

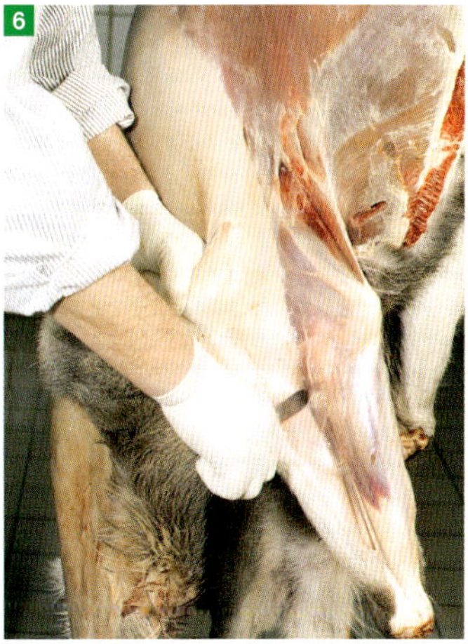

3 Entlang der Bauchlappen Decke beidseitig durch lange Schnitte Richtung Rücken ablösen.

4 Auf der Rückseite des Wildkörpers den Wedel im ersten Gelenk mit Messerschnitt abschärfen.

5 Decke entlang des Brustbeins und des Trägers sowie an den Vorderlaufinnenseiten aufschärfen.

6 Vom Brustkorb in Richtung Blattschaufel und Vorderlauf die Decke vom Wildbret lösen.

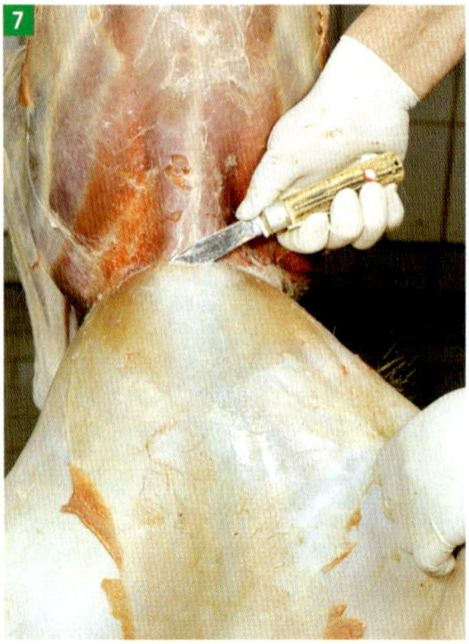

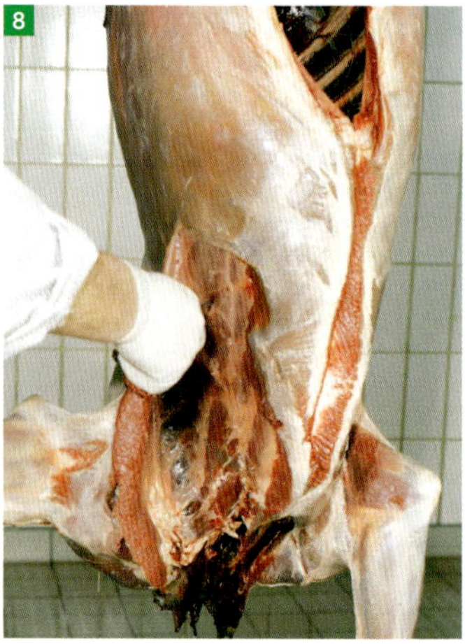

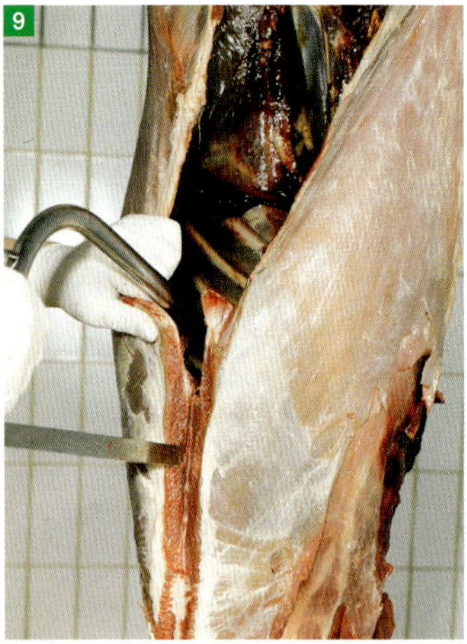

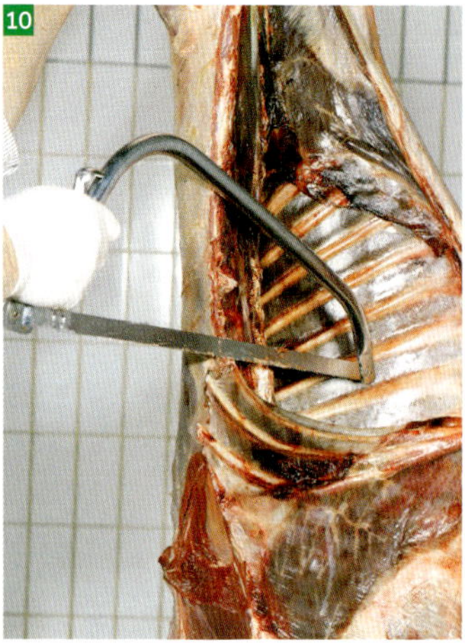

7 Decke der Länge nach vom Rücken lösen, zum Schluss entlang des Trägers mit kleinen Messerschnitten abtrennen.

8 Zerwirken: Vorderlauf vom Körper abspreizen und mit Schnitt durch die Achsel abschärfen.

9 Zum weiteren Zerwirken das Brustbein mit einer Knochensäge Richtung Träger durchtrennen.

10 Bauchlappen unterhalb des Rückens bis auf die Rippen schneiden und diese absägen.

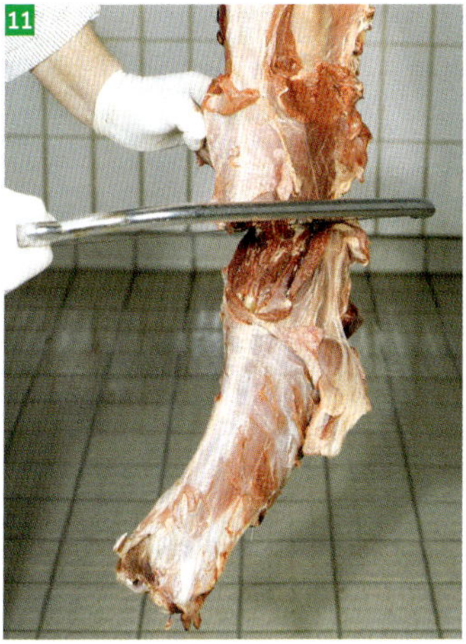

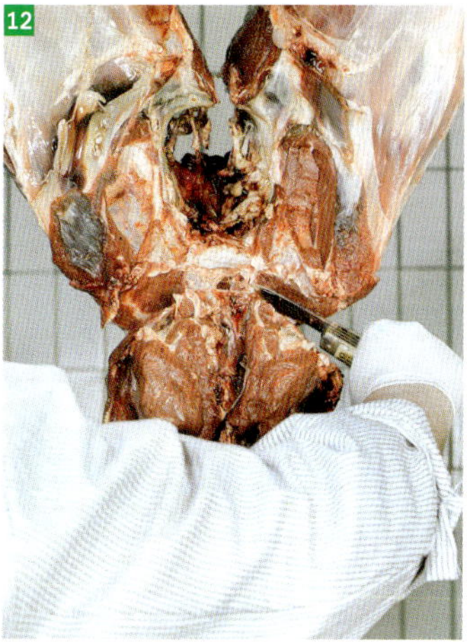

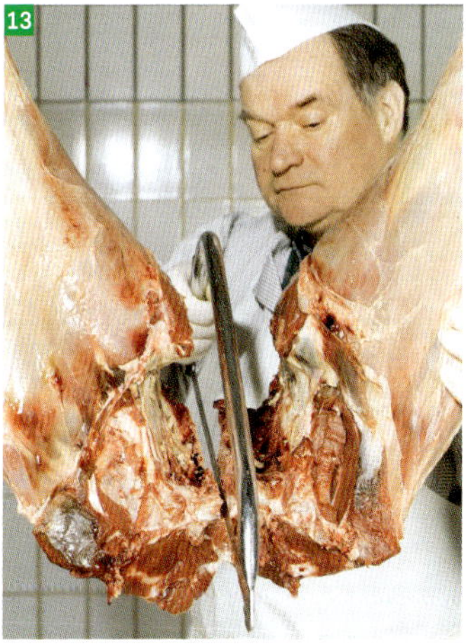

11 Am Trägeransatz mit dem Messer bis auf den Knochen schneiden und den Träger absägen.

12 Filetspitzen lösen und nach unten klappen. Rücken mit Messerschnitt am Übergang zum Kreuzbein und mit Drehbewegungen abtrennen.

13 Das die beiden Keulen verbindende Kreuzbein von der Rückseite mit der Säge durchtrennen.

14 Zur weiteren Verarbeitung für Küche und Tiefkühltruhe sauber gewonnene Wildbretteile vom Rotwild.

Ob Frischling, Überlaufer oder ein älteres Stück Schwarzwild – für das Abschwarten sollte man sich ausreichend Zeit nehmen. Im Gegensatz zu anderem Schalenwild ist die Schwarte beim Wildschwein mit dem Unterhaut- und Fettgewebe fest verbunden, so dass sie sich selbst in einzelnen Partien nicht einfach abziehen läßt. Wichtig: Schwarzwild unterliegt ohne Ausnahme der amtlichen Untersuchung auf Trichinen. Die Proben aus Zwerchfell (-pfeiler) und Unterarmmuskulatur dürfen nach Gesetz nur von einem amtlichen Tierarzt, einem amtlichen Fachassistenten und neuerdings auch von einem in der Entnahme von Trichinenproben geschulten und hierfür von Amts wegen zugelassenen Jagdausübungsberechtigten entnommen werden. Übrigens: Dachs, Bär und Sumpfbiber (Nutria) unterliegen ebenfalls der amtlichen Trichinenuntersuchung, wenn ihr Fleisch zum Genuss für Menschen verwendet werden soll.

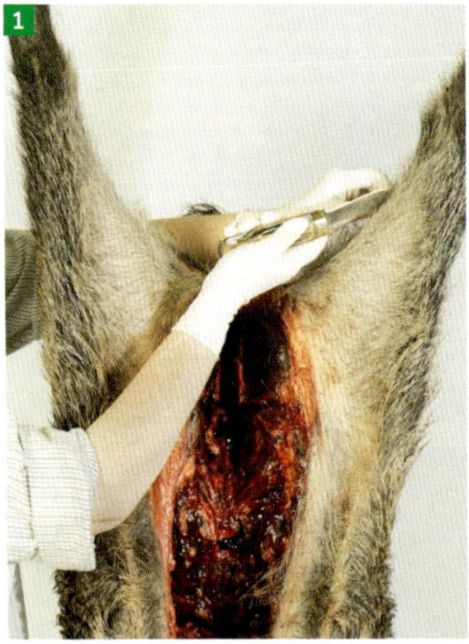

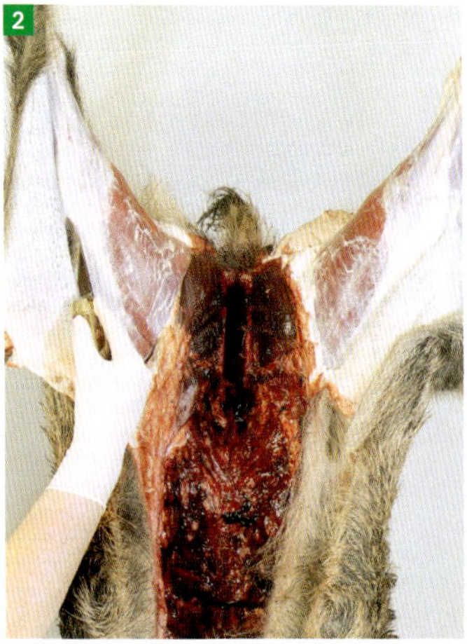

1 Entlang der Linie zwischen Rücken und Bauchseite die Schwarte beidseitig vom Schloss bis zum Sprunggelenk aufschärfen.

2 Schwarte unter Spannung halten und durch Schnitte im Unterhautgewebe von den Keulen lösen, am Sprunggelenk abschneiden.

3
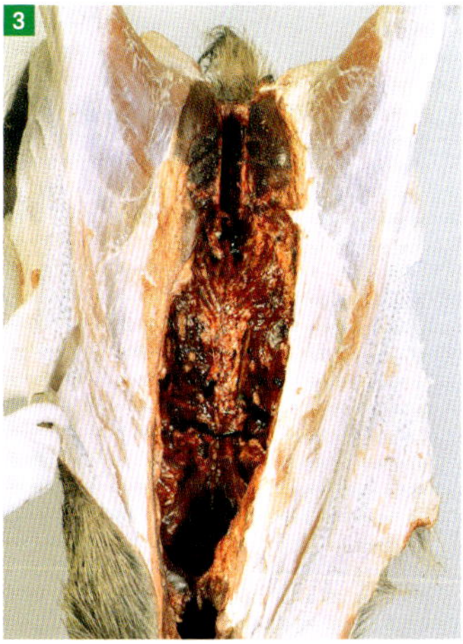

4
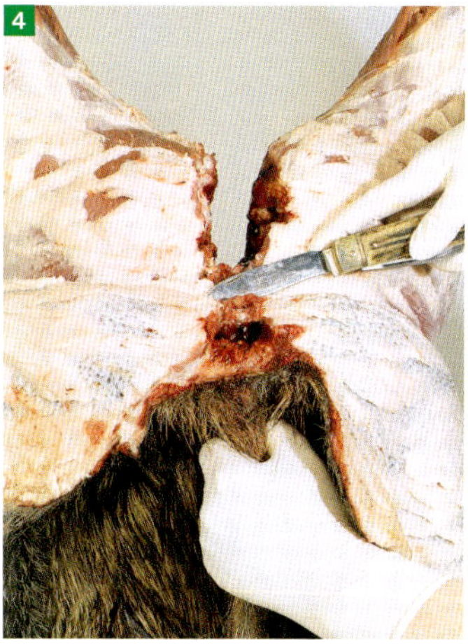

5
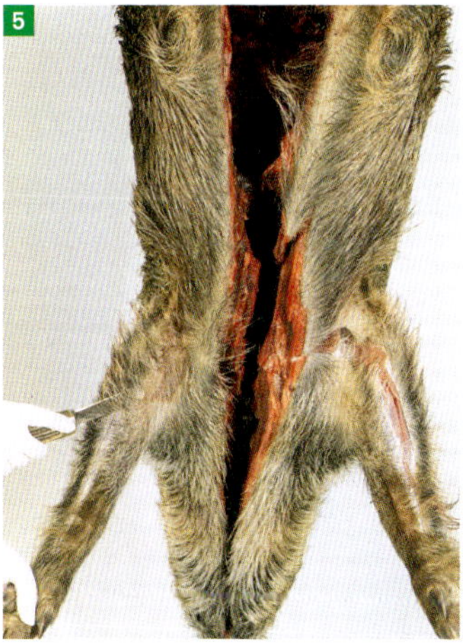

6
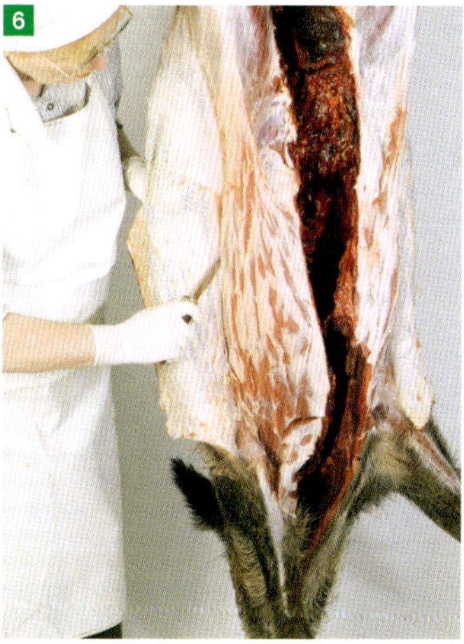

3 Von der Keule entlang der Bauchlappen mit kleinen Schnitten die Schwarte bis zum Rippenbogen vom Wildkörper ablösen.

4 Auf der Rückseite die Schwarte von den Keulen bis zum Pürzelansatz ablösen. Den Pürzel am Kreuzbein abschneiden.

5 Auf der Innenlinie der Vorderläufe die Schwarte vom Sprunggelenk über die Achselhöhle bis zum Brustbein aufschärfen.

6 Die Schwarte mit einer Hand unter Spannung halten. Mit langen Messerschnitten die Schwarte zur Rückenmitte ablösen.

7
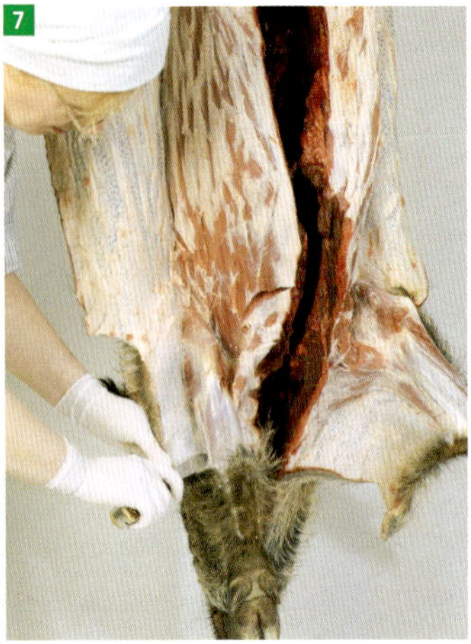

8
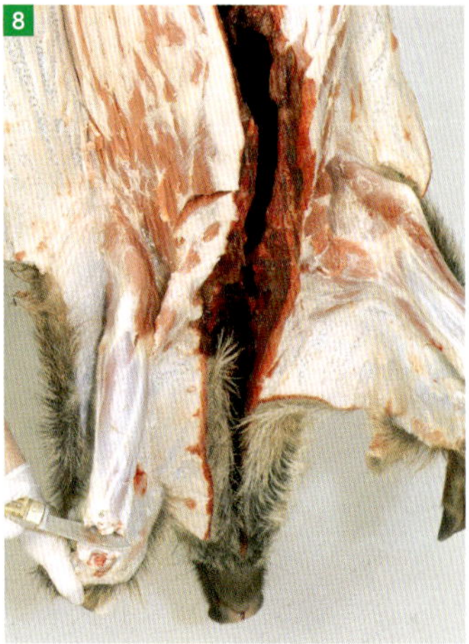

9
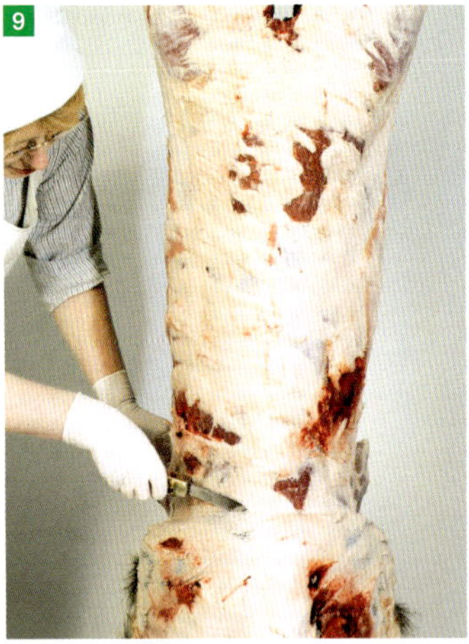

10
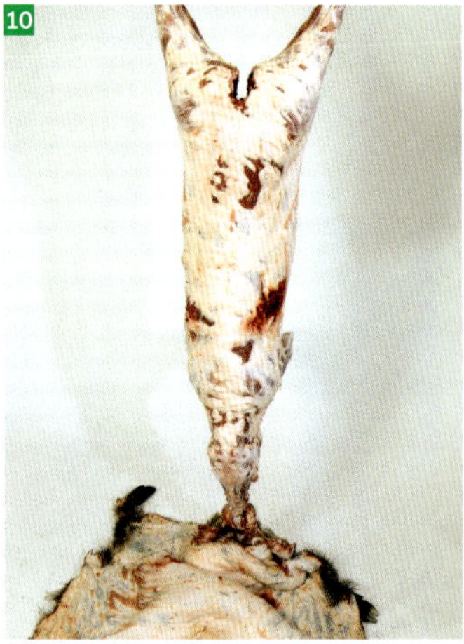

7 Die Ablöseschnitte über das Schulterblatt fortsetzen. Die Vorderläufe rundum und die Hauptunterseite freilegen.

8 An den Vorderläufen den an der Schwarte verbleibenden Fuß durch Umschneiden und Durchtrennen des Gelenkes ablösen.

9 Die Schwarte mit durch das Unterhautgewebe geführten, der Körperrundung folgenden Messerschnitten vom Rücken lösen.

10 Die Schnitte über den Träger und das Haupt bis zum Wurf fortsetzen und am Wurf die Schwarte vom Wildkörper abtrennen.

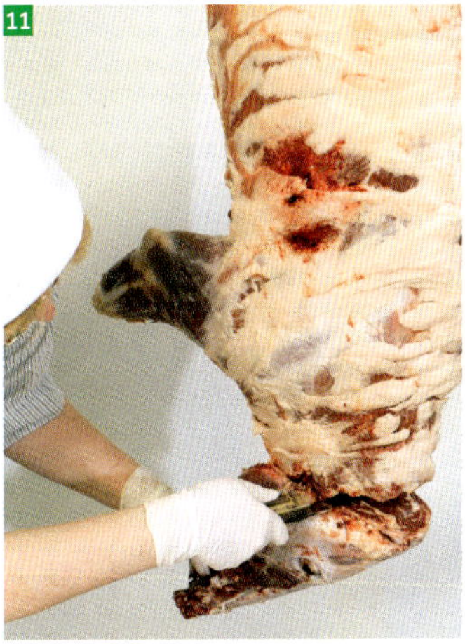

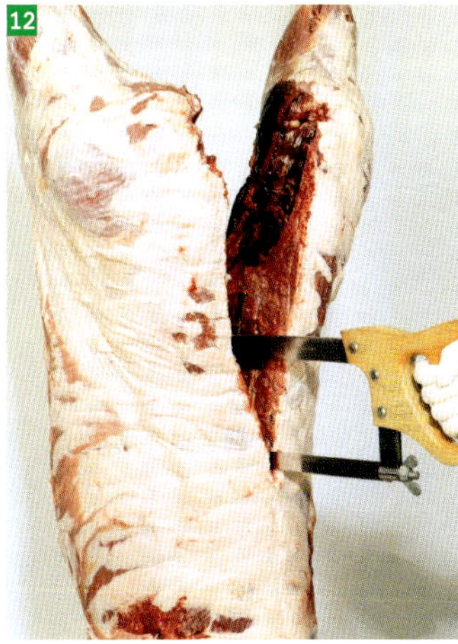

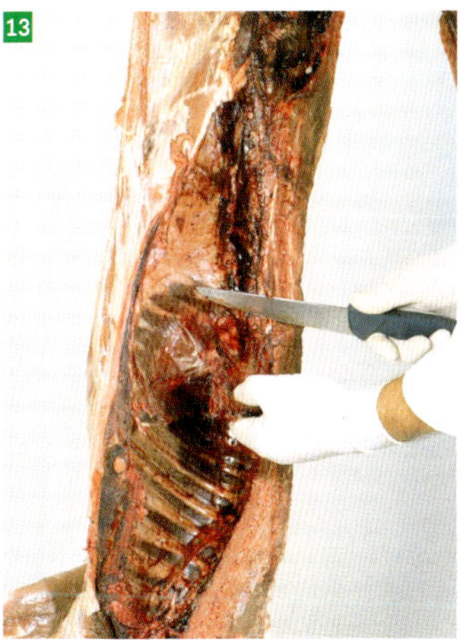

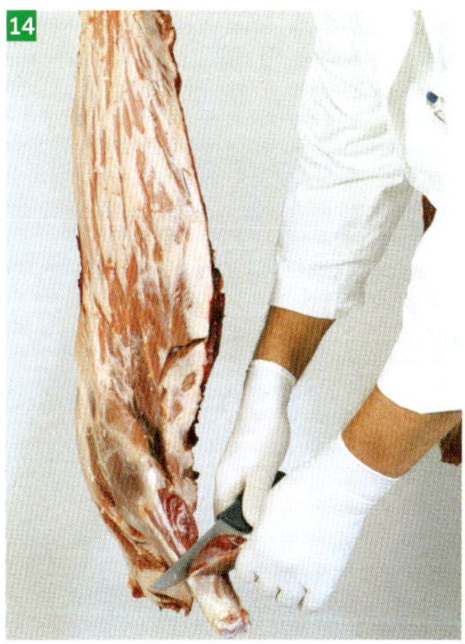

11 Eng am Haupt das Wildbret bis zum Träger durchtrennen. Ebenso an der Unterseite verfahren. Das Haupt im Wirbel ablösen.

12 Auf der Rückseite in Körpermitte mit dem Messer eine Sägelinie vorschneiden und das Stück mit der Knochensäge hälften.

13 Für die Trichinenuntersuchung werden einmal Teile der sich in der Körpermitte befindenden Zwerchfellpfeiler und ...

14 ... Teile aus der Vorderlaufmuskulatur entnommen. Die Probenentnahme kann auch am nicht abgeschwarteten Stück erfolgen.

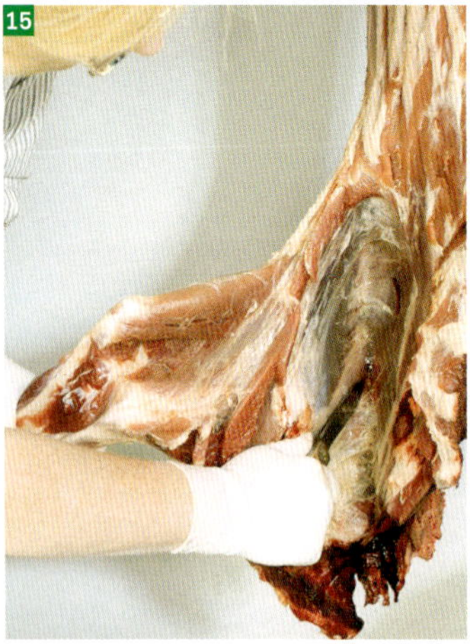

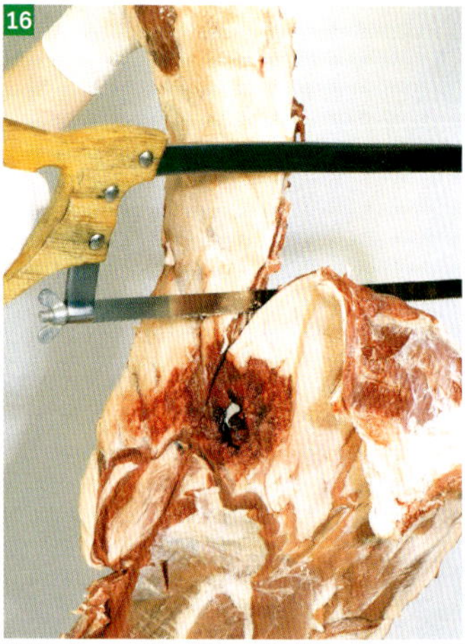

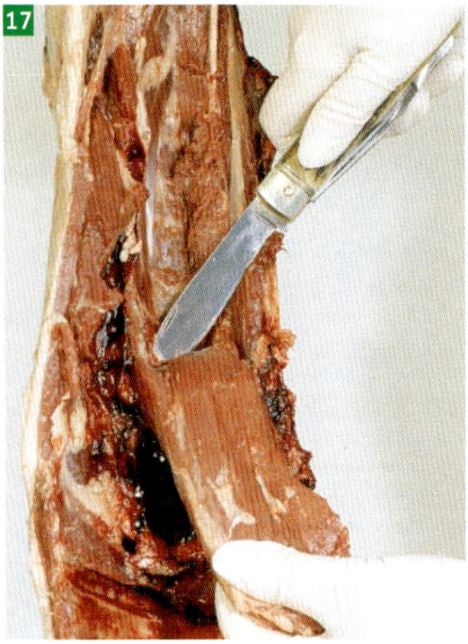

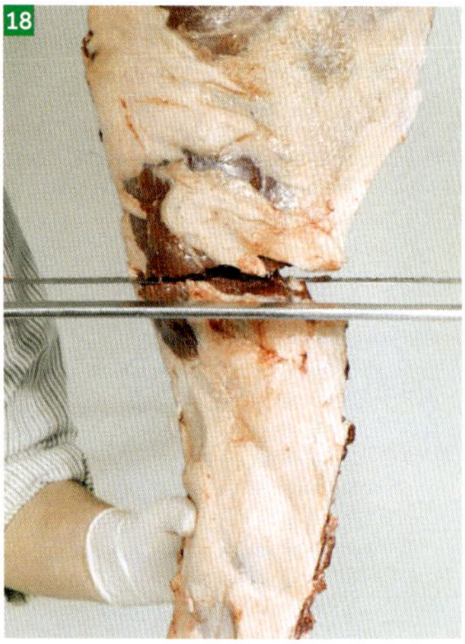

15 Ist das Stück zur Verwertung freigegeben, wird es zerwirkt. Zuerst die Blätter mit Schnitt durch die Achselhöhle abtrennen.

16 Bauchlappen von den Keulen entlang des Rückens bis auf die Rippen abschneiden. Die Rippen entlang des Rückens absägen.

17 Die unter der Lende liegenden kleinen Filets mit dem Messer von der Keule her aus dem Rückenstrang herausschneiden.

18 Den Kotelettstrang unterhalb der Keule absägen. Anschließend die einzelnen Wildbretteile für die Küche zurichten.

Kälteschock macht Wildbret zäh

Verfügt das Revier oder die Hegegemeinschaft über eine Kühlzelle oder Kühlkammer, dann sollte darauf geachtet werden, dass das erlegte Haarwild erst nach Eintritt der Totenstarre – dies kann nach dem Erlegen bis zu vier Stunden dauern – in die Kühlung verbracht wird. Dies hat Gründe, die weitestgehend unbekannt sind und sich qualitativ negativ auf das Wildbret auswirken, nämlich den Kälteschock. Wird schwachgewichtiges Wild (Kitz, Schmalreh, Frischling, schwacher Überläufer oder Wildkalb, natürlich auch Hase und Kanin) unmittelbar nach dem Erlegen und für längere Zeit einer Temperatur unter 10 °C (!) ausgesetzt, dann kann es zu einer irreversiblen

Lässt man Wild bei Temperaturen unter null Grad über Nacht im Freien hängen, dann gefriert das Wildbret und wird nachfolgend zäh.

(nichtwiederauflösbaren) Muskelkontraktion (-verhärtung) kommen. Etwas, das äußerlich nicht erkennbar ist und nichts mit der bei der Fleischreifung einsetzenden Totenstarre zu tun hat! Dieser Kälteschock (cold shortening) ergibt sich immer dann, wenn das Wildbret schneller auf 10 °C und darunter abkühlt, bevor die Säuerung des Fleisches einen ph-Wert von 6,0 und weniger erreicht hat.
Die Folge dieser Muskelkontraktion: Das Wildbret bleibt bei der späteren Zubereitung zäh. Je kälter die Umgebungstemperatur, desto schneller kann dieser Effekt – insbesondere in der Rückenmuskulatur, in den Blättern, im Brust- und Bauchfleisch eintreten. Oft reichen bei Frosttemperaturen 15 bis 20 Minuten hierfür aus. Die Annahme, bei Umgebungstemperaturen um 0 °C und darunter könne man Wild (auch schwerere Stücke) über Stunden unbedenklich draußen abhängen lassen, ist falsch, da hierdurch die Qualität des Wildbrets wesentlich gemindert wird. Das gleiche Ergebnis erzielt man, wenn Wildbret vor Ablauf des Fleischreifungsprozesses tiefgefrostet wird. Dem Gesetz, das eine »alsbaldige« Abkühlung vorschreibt, wird durchaus entsprochen, wenn das Wild erst nach Beginn der Totenstarre in die Kühlkammer kommt. Die Vorgabe des Gesetzgebers, dass die Kerntemperatur von 7 °C (Schalenwild) bzw. 4 °C (Hase und Kanin) spätestens 24 Stunden nach Eintritt des Todes des Wildes erreicht sein muss, wird bei einer gut arbeitenden Kühlung auch bei mehreren darin hängenden Stücken Wild praktisch immer erreicht. Die Gewinnung eines qualitativ hochwertigen Wildfleisches, der ja auch die Kühlung dient, wird auch dadurch erreicht, dass es bei witterungsbedingten Kältegraden nach dem Erlegen und Ausweiden zuerst in eine zwischen 10 °C und 14 °C temperierte Wildkammer verbracht wird, um dort bis zum Eintritt der Totenstarre auszukühlen.

Fleischreifung Die Fleischreifung ist ein biochemischer Prozess, der sich nach Eintritt des Todes vollzieht und die Säuerung des Fleisches, seine Aromabildung, Zartheit, Saftigkeit und Fleischfarbe beeinflusst. Dabei wird muskeleigenes Glykogen (Reservekohlenhydrat) zu Milchsäure umgebaut. Die Säuerung wiederum fördert Enzyme, die die sich in den Muskeln befindenden »Muskelverhärter« (Myofibrillen) und die im Bindehautgewebe eingelagerten großen Eiweißkörper (Kollagen) zersetzen.

Lagerzeiten

Für frisch eingefrostete, vakuumverpackte *magere Wildteile* bei konstanten Tiefkühltemperaturen von mindestens – 18 °C gelten folgende durchschnittliche Lagerzeiten:

Reh-, Dam- und Rotwild:	12-18 Monate;
Gams-, Muffel- und Steinwild:	bis 12 Monate;
Schwarzwild:	bis 6–10 Monate;
Hase und Wildkaninchen:	bis 8 Monate;
Rebhühner und Wildtauben:	bis 8 Monate;
Fasane:	bis 4–6 Monate;
Wildenten und Wildgänse:	bis 6–8 Monate;
Wildlebern und -herzen:	bis 6 Monate.

Werden die vorgenannten Lagerzeiten überschritten, kann es zu den Wildbretgenuss schmälernden geschmacklichen Veränderungen kommen (ranzigwerden der sich im Wildbret befindenden Fettzellen). Deshab sollten vor dem Einfrieren alle sichtbaren Fettanlagerungen entfernt werden, da Fett schneller ranzig wird. Vor dem Einfrosten gespickte Teile, gleich welcher Wildart, sollten spätestens sechs Monate nach dem Einfrosten, möglichst jedoch früher, in der Küche verarbeitet sein.
Einmal aufgetautes Wildbret von Schalenwild kann ohne Minderung in Geschmack und Qualität nochmals roh eingefrostet werden. Allerdings sollte zum zweiten Male eingefrorenes Wildbret innerhalb der nächsten 30 Tage verwertet werden. Nicht zu empfehlen ist aus verschiedenen Gründen das erneute Einfrosten einmal aufgetauten Wildgeflügels.

Von Tieren auf Menschen übertragbare Krankheiten

(Zoonosen)

Alterfahrene Landärzte wissen es: manche in der Herbst- und Winterzeit nicht nur bei Jägern als »grippaler Infekt« erscheinende Erkrankung hat in Wirklichkeit eine andere Ursache: die Infektion mit einem von Tier auf Mensch übertragbaren Erreger. Und spricht man mit Humanmedizinern, die auch einen Einblick in die Krankheitsbilder bei Wild- und Haustieren haben, dann hört man schon mal:«na ja, erst war der Hund (Katze) krank, und dann das Herrchen (Frauchen)«. Dass in den Wildtierbeständen weltweit nach wie vor das größte Reservoir an auch auf den Menschen übertragbaren Krankheiten schlummert, ist unter Fachleuten unbestritten. So listete vor Jahren Professor. Dr. Günter Wachendörfer, seinerzeitiger Leiter der Abteilung »Lebensmittelüberwachung, Tierschutz und Veterinärwesen im Hessischen Ministerium für Jugend, Familie und Gesundheit«, in einer Fortbildungsveranstaltung der »Pirsch« anlässlich der Jagd und Hund in Dortmund rund 200 von Tieren auf Menschen übertragbare Krankheiten auf, unter denen die Tollwut eine der bekanntesten ist. Deshalb gilt: wer sich beim Versorgung von Wild oder dem Aus-der-Decke-schlagen (Abschwarten, Abbalgen) verletzt hat und nachfolgend, Tage oder Wochen später, an einem »grippalen Infekt« erkrankt, der sollte seinen Hausarzt über die Verletzung im Zusammenhang mit Wild unterrichten und auf eine hieraus möglicherweise resultierende Infektion hinweisen. Gleiches gilt, wenn sich ein »grippaler Infekt« über Wochen dahinschleppt. Nachstehend eine Auswahl von Krankheitsbildern beim Menschen, die sich durch Infektion mit bei Wildtieren (aber auch bei manchem Haustier) vorkommenden Krankheiten ergeben:

Brucellose Eine durch Bakterien verursachte, fiebrige Erkrankung, die ein bis drei Wochen nach erfolgter Ansteckung zum Ausbruch kommt. Brucellose verursacht wochen- bis monatelanges Wellenfieber mit Leber- und Milzschwellung. Ohne Behandlung oder Behandlung mit falschen Medikamenten kann sie zur Invalidität, ja sogar zum Tode führen.

Leptospirose Fiebrige Infektionskrankheit, die unter den Zeichen einer Grippe ein bis zwei Wochen nach Ansteckung ausbricht. Hirnhautentzündung sowie Leber-(Gelbsucht) und Nierenentzündungen sind weitere Merkmale dieser Krankheit, die in schweren Fällen tödlich verlaufen kann.

Listeriose Eine wenige Wochen nach Ansteckung ausbrechende, akut fiebrige Infektionskrankheit. Eine sehr gefährliche Krankheit, da sie in uncharakteristischen Erscheinungsformen, wie Mandelentzündung, Angina, Grippe, Lungenentzündung und Gehirnhautentzündung auftritt. Bei Schwangeren führt sie zur Schädigung des ungeborenen Kindes und oft auch zur Fehlgeburt.

Salmonellose Eine Darminfektion, die zwischen 8 und 48 Stunden nach Ansteckung zum Ausbruch gelangt. Fieber, Brechdurchfall und Kreislaufkollaps sind ihre Erscheinungsformen. Eine typhusähnliche Erkrankung, die in Einzelfällen zum Tode führt.

Tuberkulose Eine nicht nur auf die Lunge beschränkt bleibende Infektionskrankheit. Man kennt u. a. Lungentuberkulose, Hauttuberkulose, Tuberkulose des Harn- und Genitalbereiches. Äußeres Erscheinungsbild sind die Bildung von Geschwüren und Abszessen, d. h. knotenförmige Gewebewucherungen, z. T. mit Einschmelzungen und Verkäsung.

Pseudotuberkulose Eine durch Bakterien hervorgerufene tuberkuloseähnliche Krankheit in verschiedenen Verlaufsformen, die zwischen drei und zehn Tagen nach Infektion ausbricht. Hohes Fieber, Schüttelfrost, starke Schweißneigung, Kopf- und Gliederschmerzen sind einige der Symptome, unter denen diese Krankheit auftritt.

Tularämie (auch Nagerpest genannt) Ausbruch 2 bis 5 Tage nach Infektion. Hochfieberhafte Erkrankung mit je nach Erreger-Aufnahme unterschiedlichen Formen: Ansteckung durch Kontakt beim Zerwirken erkrankter Tiere; äußere Form mit Hautgeschwüren und Lymphknotenschwellung; nach Aufnahme von nicht ausreichend durchgekochtem Wildbret innere Form mit Lungenentzündung, Darmentzündung und zentralnervösen Störungen, jeweils starke Lymphknotenschwellung. In 2 % bis 5 % der Fälle tödlich.

Milzbrand Eine durch Milzbrand-Bazillen hervorgerufene und 1 bis 3 Tage nach Ansteckung ausbrechende Erkrankung. Erscheinungsformen sind Haut-Milzbrand, Lungen-Milzbrand und Darm-Milzbrand, wobei Haut-Milzbrand am häufigsten angetroffen wird. Erscheinungsform des Hautmilzbrandes ist ein schmerzloser Karbunkel mit schwärzlichem Zentrum, tiefrotem Hof. Sterblichkeit bei Hautmilzbrand – sofern unbehandelt – 10 %, bei innerem Milzbrand bis 100 %.

Papageienkrankheit durch Tauben

Tauben stellen in unseren Breiten das größte Reservoir der auch für den Menschen gefährlichen Papageienkrankheit (Ornithose-Psittakose) dar. Der Erreger, ein spezifisches Bakterium (Chlamidien), wird mit dem Kot ausgeschieden und durch Wind verbreitet, kann aber auch durch Berührung mit Darminhalt auf die Haut gelangen und eingeatmet werden. Die Infektion des Menschen erfolgt immer über die Atemwege. Bis zum Ausbruch der Krankheit dauert es zwischen sieben und 14 Tagen. Fieber, Atembeschwerden, Stirnkopf- und Gliederschmerzen sind typische, einer Grippe sehr ähnliche Krankheitserscheinungen beim Menschen. Wenn der Hausarzt nicht ausdrücklich darauf hingewiesen wird, dass man sich möglicherweise bei der Taubenjagd mit einer Ornithose infiziert haben kann, wird er stets einen grippalen Infekt annehmen. Der Erreger selbst kann in den ersten Krankheitstagen im ausgehusteten Schleim, im Rachenspülwasser und im Blut nachgewiesen werden. Das gefährliche an dem Psittakose-Bakterium ist, dass es im Körper ein starkes Gift produziert, das Herz und Gefäßsysteme zum Teil schwer schädigen und Entzündungen im Nervensystem verursachen kann. Der Krankheitsverlauf kann sich bei einer mittelschweren Infektion bis zu vier Wochen hinziehen.

(gilt auch für Kanin)

1

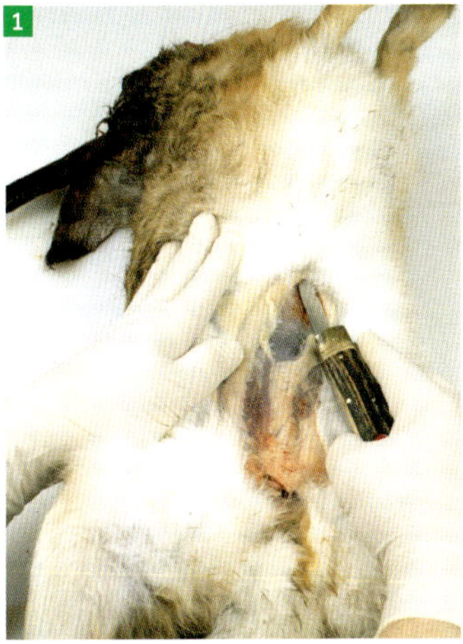

2

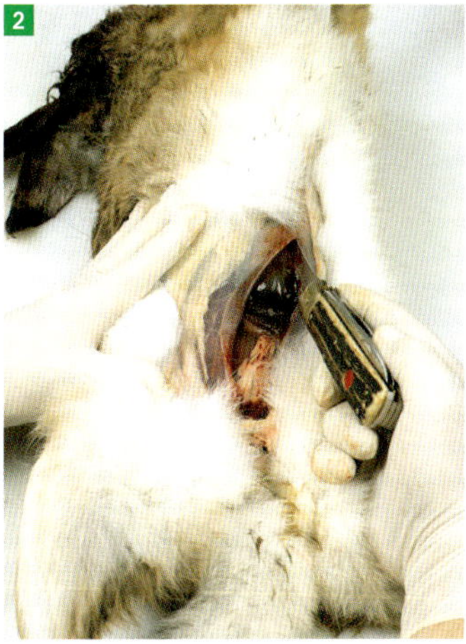

3

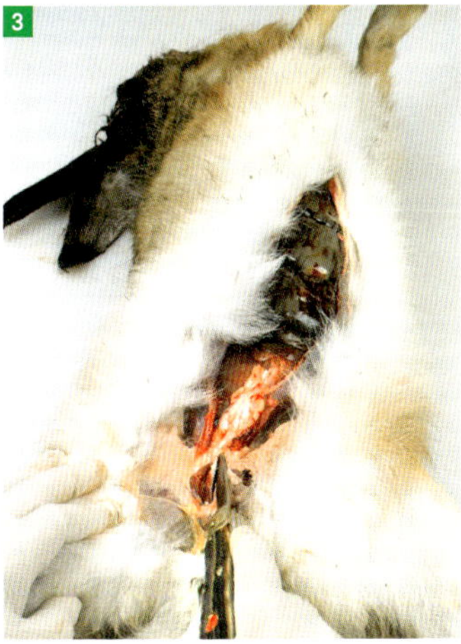

4

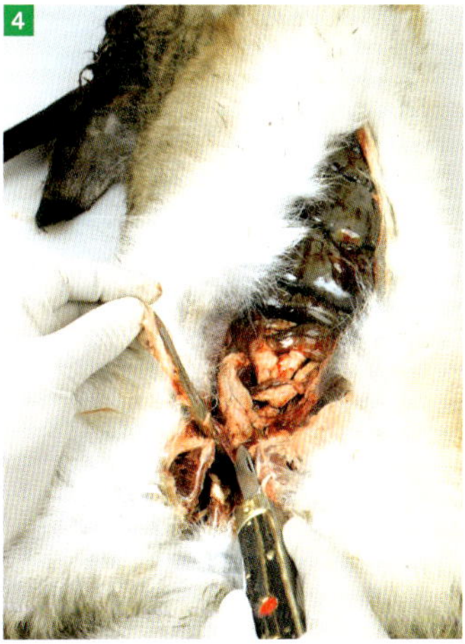

1 Den Hasen, dem zuvor die Blase ausgedrückt wurde, auf eine ebene Unterlage legen. Vom Schloss bis zum Brustbein die Balghaut mit kleiner Klinge aufschärfen.

2 Anschließend die Bauchhaut so aufschärfen, dass Darm und Magen nicht verletzt werden. Dafür nimmt man am besten eine Aufbrechklinge, die vorne stumpf ist.

3 Balg und Wildbret zwischen den Keulen bis auf das Schloss durchschärfen. Die Schlossnaht mit der Messerklinge öffnen, die Beckenknochen auseinanderdrücken.

4 Den Weiddarm mit Schnitten aus dem Schloss lösen und in Richtung Bauchhöhle ziehen. Dabei darauf achten, dass die Keulen nicht mit Darminhalt verschmutzt werden.

5

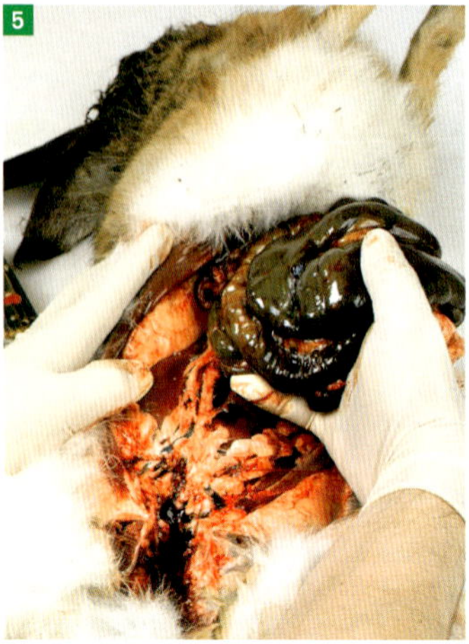

6

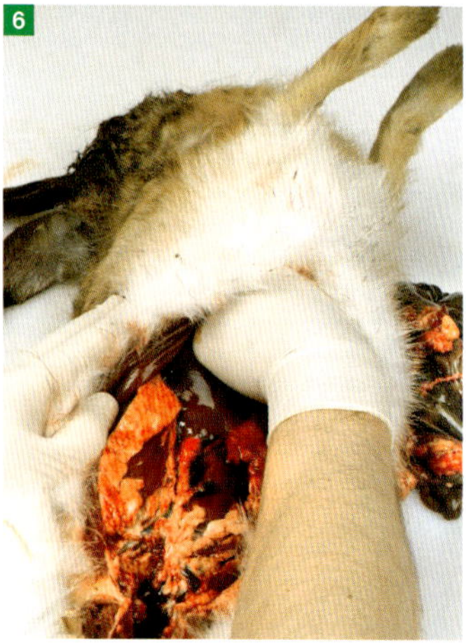

7

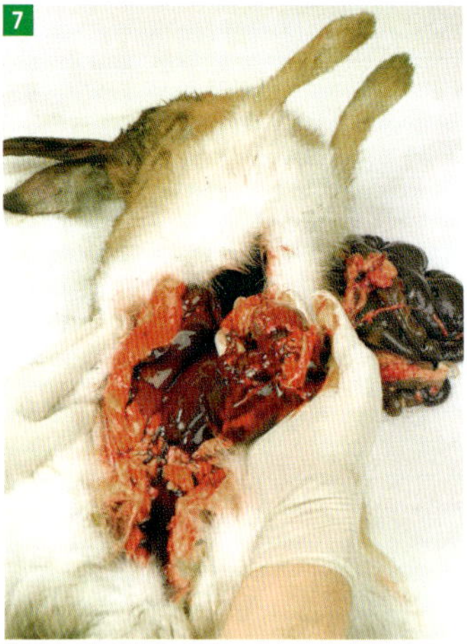

8

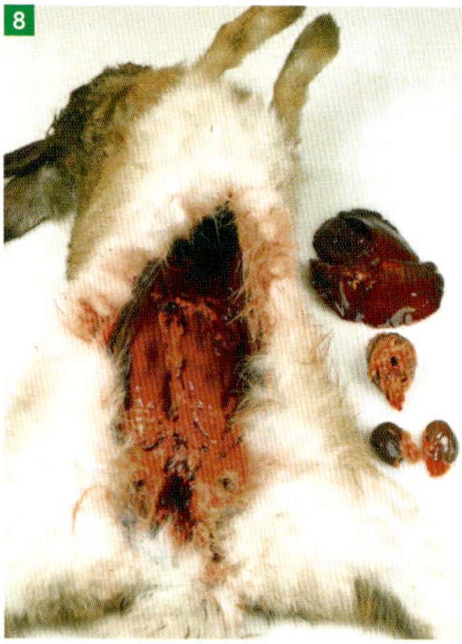

5 Die Bauchlappen mit einer Hand zur Seite ziehen, so dass die Bauchhöhle offen vor einem liegt. Mit der anderen Hand Därme und Magen herausnehmen.

6 Mit der Hand nochmals in die Bauchhöhle greifen. Mit den Fingern das Zwerchfell durchstoßen, um an die im Brustraum liegenden Organe zu gelangen.

7 Herz und Lunge fassen und zusammen mit der am Zwerchfell anhängenden Leber aus dem Wildkörper nehmen, zum Schluss die beiden Nieren auslösen.

8 Ein sauber ausgeweideter und appetitlich aussehender Hase, der anschließend in eine Kühlung gebracht wird. Daneben die essbaren Innereien.

9

10

11

9 Für die Untersuchung auf krankhafte Veränderungen (für den Verzehr des Wildbrets bedenkliche Merkmale) bereitliegende Organe und Gescheide. Vorne zu sehen: Leber mit Gallenblase.

10 Die Hasenleber gilt bei Feinschmeckern als aromatischste Wildleber. Zum Entfernen der Gallenblase den Gallengang durch Unterschnitt freischärfen.

11 Gallengang mit der Hand fassen und die Gallenblase durch Unterschnitt im Lebergewebe von der Leber abschärfen. Schnitt so setzen, dass die Blase nicht verletzt wird.

(In gleicher Weise wird auch der Feldhase abgebalgt)

Als der Balg von Hase und Kanin beim Fellhändler noch hoch begehrt war und in gespanntem und trockenen Zustand gutes Geld erbrachte, wurden beide in unausgeweidetem Zustand abgebalgt. Das Abbalgen begann an den Hinterläufen. Der Balg wurde wie ein Strumpf vom Wildkörper abgezogen. Wo das Bindegewebe fest saß halfen kleine Messerschnitte. Auf den einer Sicherheitsnadel ähnlichen Metallspanner aufgezogen (Fleischseite nach außen) musste der Balg solange trocknen, bis die Haut pergamentartig erschien. Die Läufe und der Kopf wurden mit Papier ausgestopft, um Faulstellen beim Trocknen zu vermeiden. Seinerzeit kamen die Bälge über den Fellhändler in die Hutfabrik, wo das Haar von Hase und Kanin zum hochwertigen Filz verarbeitet wurde.

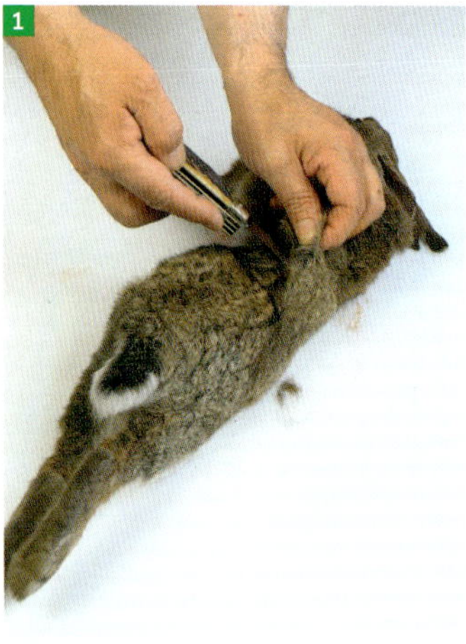

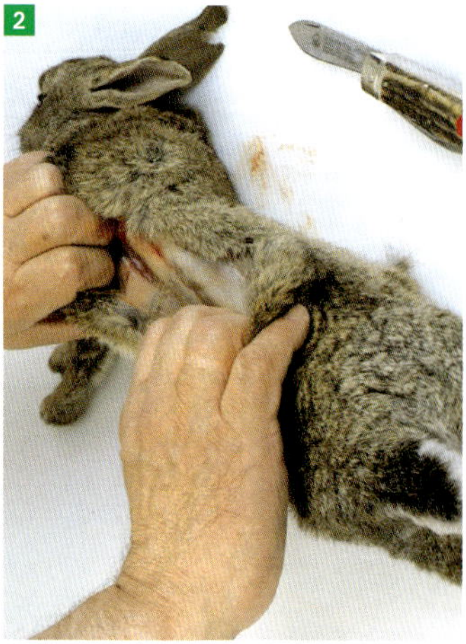

1 Ein ausgeweidetes, zum Abbalgen im Schnellverfahren bereit gelegtes Wildkanin.

2 Kanin auf eine Unterlage legen. Den Balg in Rückenmitte anheben und quer zum Rücken durchschärfen.

3
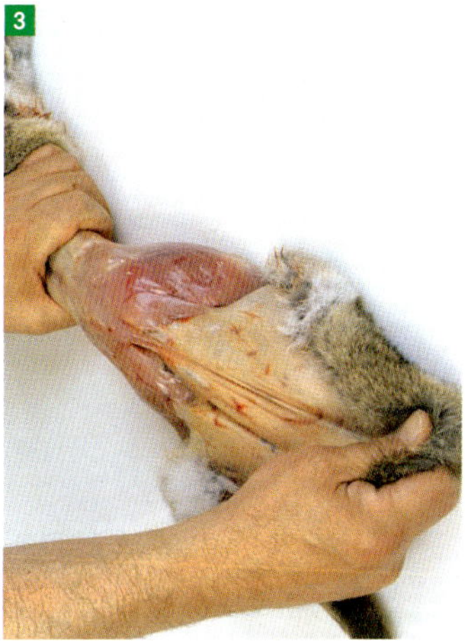

4
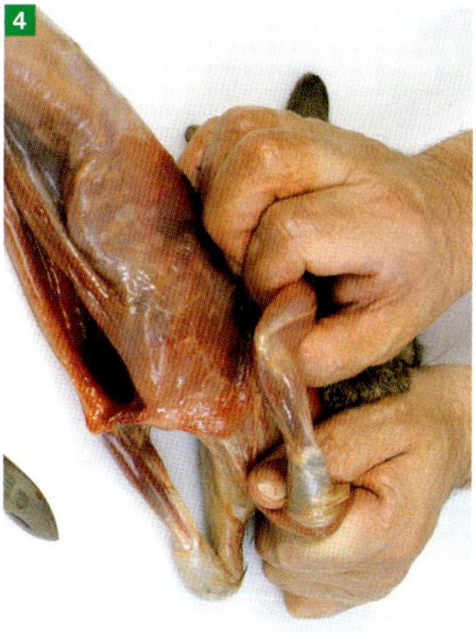

5
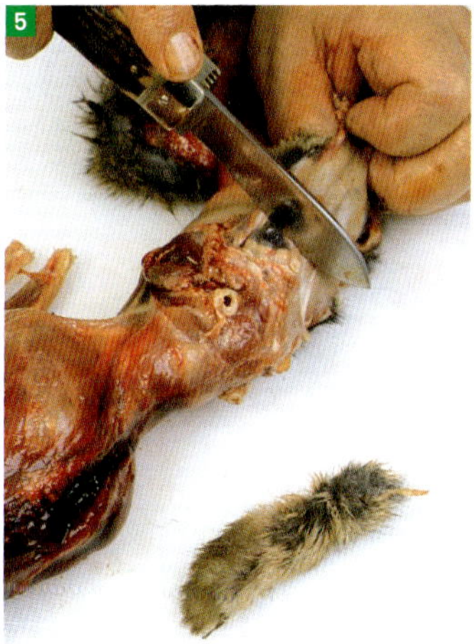

6
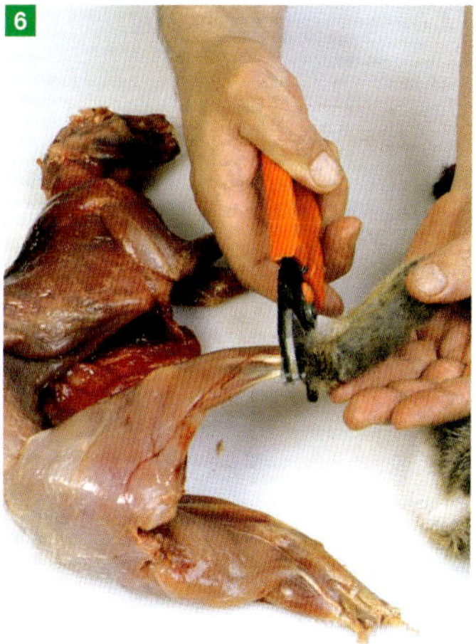

3 Kanin mit einer Hand am Rücken festhalten und den Balg über die Keulen zu den Sprunggelenken ziehen, dort abschärfen.

4 Balg nach vorne über die Schulterblätter ziehen, die Läufe aus dem Balg drücken und im Handwurzelgelenk abtrennen.

5 Balg über den Hals zum Kopf ziehen. Kopf mit kleinen Schnitten aus dem Balg lösen. Balg an der Nase abschärfen.

6 An den Hinterläufen den Mittelfußknochen im Sprunggelenk vom Unterschenkelbein mit der Aufbrechzange abtrennen.

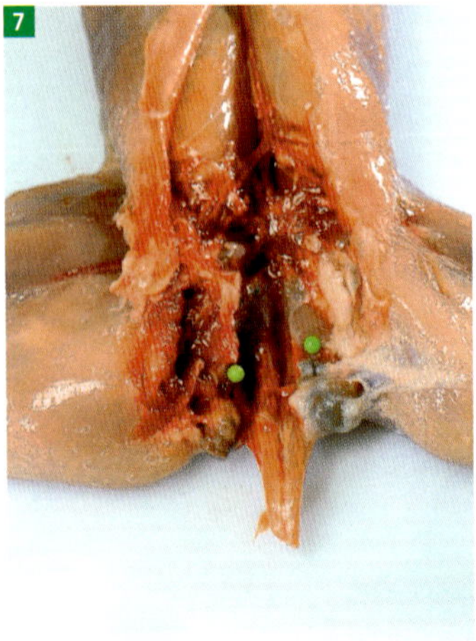

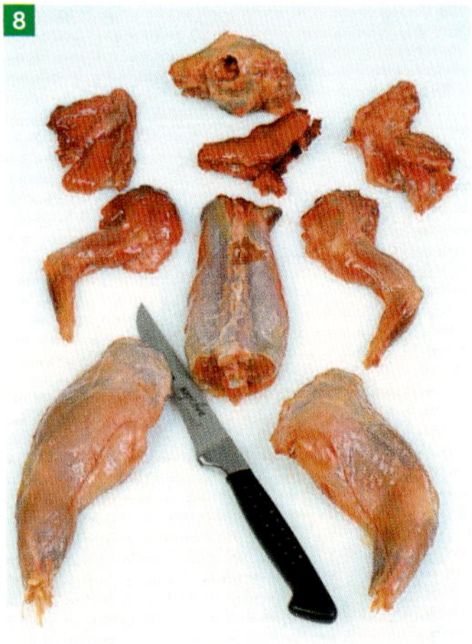

7 Die sich beidseitig der Schwanzwurzel befindenden graugelben Drüsen (mit farbigen Stecknadeln markiert) sorgfältig herausschärfen. Gelangt ihr Sekret ans Wildbret, kann es das Kanin ungenießbar machen (siehe auch Hinweis)

8 Zum Schluss das Kanin in Keulen, Rücken, Vorderläufe, Rippen mit Bauchlappen, Hals und Kopf zerwirken.

Hinweis: An der Schwanzwurzel des Wildkanin sitzen beidseitig gelblichgraue Drüsen, die entweder schon beim Ausweiden, in jedem Falle aber vor dem Zerwirken sauber herausgeschärft werden müssen. Anschließend muss das Messer gründlich gereinigt werden, bevor mit ihm weiter zerwirkt wird, damit kein Düsensekret ans Wildbret kommt. Es würde dieses geschmacklich ungenießbar machen. Übrigens: wenn Blut über die Drüsen gelaufen ist, sind diese schwer vom übrigen Wildbret zu unterscheiden.

Wohin mit Aufbruch, Wildabfällen und Fallwild

Eigentlich ganz einfach zu beantworten, könnte man meinen, wenn es noch das Tierkörperbeseitigungsgesetz mit seinen Ausführungsbestimmungen gäbe. Diese sind jedoch mit Inkrafttreten der Verordnung (EG) Nr. 1774/2002 mit »Hygienevorschriften für nicht für den menschlichen Verzehr bestimmte tierische Nebenprodukte« vom 3. Oktober 2002, zuletzt geändert bzw. ergänzt durch die Verordnungen (EG) 808/2003, 809/2003, 810/2003, 811/2003, 812/2003 und 813/2003 jeweils vom 12. Mai 2003, aufgehoben. Zur Durchführung der EUVerordnung wurde auf nationaler Ebene am 25. Januar 2004 (BGBl. I S. 82) das »Tierische NebenprodukteBeseitigungsgesetz (TierNebG)« in Kraft gesetzt.

Erfasst von der Verordnung und damit auch vom Tierische Nebenprodukte-Beseitigungsgesetz (TierNebG) werden alle Wildtiere, wenn der Verdacht besteht, dass sie mit einer auf Mensch oder Tier übertragbaren Krankheit infiziert sind (Verordnung (EG) Nr. 1774 Artikel 4 Absatz 1 Buchstabe a) Ziffer v) der Verordnung) sowie **Wildkörper und Teile von Wildkörpern, die zur Herstellung von Jagdtrophäen verwendet werden** (Artikel 1 Absatz 2 Buchstabe c) letzter Halbsatz in Verbindung mit Artikel 5 Absatz 1 Buchstaben f und g). Zitat f) und g): *»im Fall von ganzen Körpern oder Teilen von Wildtieren, bei denen kein Verdacht auf Infektion mit auf Mensch oder Tier übertragbaren Krankheiten besteht, zur Herstellung von Jagdtrophäen <u>in einer gemäß Artikel 18 für diesen Zweck zugelassenen technischen Anlage</u> zu verwenden oder g) nach Vorschriften, die nach dem in Artikel 33 Absatz 2 genannten Verfahren nach Anhörung des zuständigen wissenschaftlichen Ausschusses erlassen wurden, auf anderem Wege zu beseitigen oder auf andere Weise zu verwenden. Diese anderen Verfahren ergänzen oder ersetzen die nach den Buchstaben a) bis f) vorgesehenen Verfahren.«* Betroffen davon sind [neben ihre Trophäen selbst zurichtenden Jägern (ihnen nach dieser Verordnung eigentlich verboten)] in erster Linie Präparatoren, die nach dieser Verordnung einer besonderen Zulassung für ihre technischen Anlagen bedürfen!

Gefarmtes Wild ist kein Wild

Im Gegensatz zum »Nutztier« (Tiere, die von Menschen gehalten, gemästet, gezüchtet und zur Erzeugung von Lebensmitteln (wie Fleisch, Milch und Eiern) oder zur Gewinnung von Wolle, Pelzen, Federn, Häuten oder anderer Erzeugnisse tierischen Ursprungs genutzt werden, gehören nach der Verordnung zu »Wildtier« alle nicht von Menschen gehaltene Tiere (Artikel 2 Ziffer 1 Buchstaben f) und g) der Verordnung (EG) 1774/2002. Das bedeutet, dass in Gattern gehaltenes bzw. gefarmtes Wild als Nutztier definiert wird und kein Wildtier im Sinne dieser Verordnung ist. Gegattertes bzw. gefarmtes Wild unterliegt damit uneingeschränkt der Verordnung (EG) 1774/2002.

Wichtig zu wissen:

Die Verordnung (EG) 1774/2002 **gilt nicht** für Körper oder Teile von Wildtieren, bei denen **kein Verdacht auf Vorliegen einer auf Mensch oder Tier übertragbaren Krankheit besteht** (Artikel 1 Absatz (2) Buchstabe c) der Verordnung). Was bedeutet dies für die Jagdpraxis? Die Verordnung (und damit auch das TierNebG) gilt nicht für Aufbruch, Decken, Schwarten und sonstige Abfälle erlegten Wildes, sofern dieses keine Anzeichen einer auf Mensch oder Tier übertragbaren Krankheit aufweist. Sie gilt auch nicht für Wild, dessen Nichtverzehrfähigkeit sich aus anderen Gründen ergibt (z. B. verhitzt, mit Pansen/Mageninhalt verschmutzt oder stark mit Erregern unterschiedlichster Art kontaminiert). Sie gilt auch nicht für verunfalltes Wild, wenn eindeutig zu erkennen ist, dass der Wildunfall nicht durch eine gefährliche Krankheit mitverschuldet ist. Eine solche wäre z. B. Tollwut, bei deren Vorliegen das von ihr befallene Tier durch Anstrahlen mit Licht (Autoscheinwerfer) auf der Stelle erstarrt und deswegen überfahren wird. Sie gilt auch nicht für Fallwild, bei dem die Todesursache eindeutig ermittelbar ist (z. B. verendet aufgrund von Durchfall, Forkelverletzungen, Strangulation mit Draht u.a.m.).

Paradox

Obwohl sich die EGVerordnung 1774/2002 als nicht zuständig für Körper und Teile von Wildtieren, bei denen kein Verdacht auf Vorliegen einer auf Mensch und Tier übertragbaren Krankheit besteht, erklärt, regelt sie andererseits in Teilbereichen deren Entsorgung. So dürfen Körper oder Teile von Wildtieren, bei denen kein Verdacht auf Infektion mit auf Mensch oder Tier übertragbaren Krankheiten besteht, an Wildtiere, verfüttert werden, deren Fleisch nicht für den menschlichen Verzehr bestimmt ist (Artikel 23 Absatz

(2) Buchstabe b) Ziffer i) in Verbindung mit Buchstabe c) Ziffern v) und vi) der Verordnung). Hinweis: damit dürfen vorgenannte Körper und Teile von Wild an Füchse, jedoch nicht an Schwarzwild verfüttert werden. Außerdem dürfen sie an Hunde aus anerkannten Zwingern oder Jagdmeuten verfüttert werden. Ferner können nicht verwertbares Wild bzw. Teile von diesem durch Verbrennen und Vergraben an Ort und Stelle beseitigt werden (Artikel 24 Absatz (1) Buchstabe b) Ziffer ii) der Verordnung).
Wichtig zu wissen: die Verordnung (EG) 1774/2002 ermöglicht vorgenannte Entsorgungsmaßnahmen grundsätzlich als Ausnahme und nur unter der Voraussetzung, dass das jeweilige Mitgliedsland dies in einer eigenen Gesetzgebung beschließt.

Nationale Regelung

Hier greift in Deutschland das »Tierische NebenprodukteBeseitigungsgesetz (TierNebG)« vom 25. Januar 2004. Da heißt es in § 2, dass die Umsetzung der EUVerordnung den »zuständigen Landesbehörden« obliegt. Nach § 3 des Gesetzes haben die nach Landesrecht zuständigen Körperschaften des öffentlichen Rechts (sie sind Beseitigungspflichtige im Sinne des Gesetzes) in ihrem Gebiet anfallende verendete wild lebende Tiere »abzuholen, zu sammeln, zu befördern, zu lagern, zu behandeln, zu verarbeiten und zu beseitigen. Sie können sich zur Erfüllung dieser Pflicht Dritter bedienen«. Eine Übertragung dieser Pflicht kann durch die zuständige Behörde nach Anhörung der Beseitigungspflichtigen an eine natürliche oder juristische Person des Privatrechts erfolgen, sofern diese einen Verarbeitungsbetrieb, eine Verbrennungsanlage oder eine Mitverbrennungsanlage betreibt (§ 3 Absatz 2). **Anmerkung:** Nach dieser Festlegung dürfte ein Jagdpächter mit dem Einsammeln von verendetem oder überfahrenem Wild nicht beauftragt werden, da er nach Gesetz kein Beseitigungspflichtiger ist.

Melde und Entsorgungspflicht

Nach § 4 Ziffer 2 des TierNebG obliegt es der zuständigen Landesbehörde, das Verfüttern bzw. das Verbrennen oder Vergraben von Körpern und Teilen von Wildtieren als Ausnahme von der generellen Beseitigung über eine Tierkörperbeseitigungsanstalt zuzulassen. Nach § 7 Absatz 3 (Meldepflicht) sind fremde oder herrenlose Körper von Vieh, Wild, Hunden und Katzen, wenn sie
1. auf einem Grundstück anfallen, von dem Grundstücksbesitzer,

2. wenn sie auf öffentlichen Straßen oder Plätzen anfallen, von dem Straßenbaulastträger,
3. wenn sie in Gewässern anfallen, von dem zur Unterhaltung Verpflichteten unverzüglich *(an die Beseitigungspflichtige)* zu melden.
Für den Jagdbetrieb bedeutet dies: Wird ein Stück Wild verendet oder überfahren aufgefunden, dann ist nach Gesetz ausschließlich der Besitzer des Grundstückes, auf dem das Stück aufgefunden wird, zur Meldung verpflichtet und nicht der Jagdpächter oder Jagdaufseher. Abzuholen und zu entsorgen hat dies die zuständige Körperschaft des öffentlichen Rechts als Beseitigungspflichtige. Dies können u.a. sein: der Kreis, die Kommune, der Forstbetrieb, die eingetragene Jagdgenossenschaft bzw. ein mit Zustimmung der Behörde für diese tätiger Unternehmer (Tierkörperbeseitigungsanstalt und ein von dieser beauftragter Unternehmer). Dass dies möglicherweise mit Kosten für denjenigen verbunden ist, der als Meldepflichtiger zugleich Besitzer des zu entsorgenden Materials ist, ist nicht auszuschließen. Entgelte einerseits und Kosten (Gebühren und Auslagen) andererseits zu regeln, ist nach Gesetz Ländersache. Obwohl das am 24. Januar 2004 verabschiedene Gesetz das Bundesministerium für Verbraucherschutz, Ernährung und Landwirtschaft ermächtigt, im Einvernehmen mit dem Bundesministerium für Umwelt, Naturschutz und Reaktorsicherheit durch Rechtsverordnung mit Zustimmung des Bundesrates Vorschriften unter anderen über die Verfütterung von tierischen Nebenprodukten und die näheren Anforderungen an das Vergraben tierischer Nebenprodukte, insbesondere im Hinblick auf den Schutz des Naturhaushaltes, zu erlassen, ist dies bis zur Drucklegung dieses Werkes nicht geschehen. Für den Revierinhaber bedeutet dies: er muss sich auf länderspezifische oder regionale Erlasse einstellen.

Praxisgerechte und gesetzeskonforme Verfahrensweise

Da nach Gesetz vermieden werden muss, dass Schwarzwild Aufbrüche, verendetes, überfahrenes Wild und nicht zur Verwertung bestimmte Abfälle von Wild frisst, müssen im Revier Maßnahmen getroffen werden, dass diese Teile sofern sie der Jäger zu entsorgen hat nur dem Raubwild (Fuchs, Marderhund u. a.) zugänglich sind. Dies wäre z. B. bei der Verwendung einer Betonröhre als Luderschacht gegeben. Aber auch dies wäre möglich: Auslegen der Wildteile auf einer sich ca. 130 cm über dem Boden befindenden Plattform, zu der der Fuchs über ein als Auflauframpe dienendes schräg gestelltes Brett gelangt. In diesem Falle wäre das zu entsorgende Material auch als Atzung den Raubvögeln zugänglich. Derartige Entsorgungsplätze sollten sich außerhalb von Wassereinzugsgebieten sowie Naturschutzzonen und weit genug von allgemeinen Spazierwegen befinden, um Geruchsbelästigungen zu vermeiden, zumindest aber zu minimieren.

Während das Verbrennen von zu entsorgenden Körpern und Teilen von Wild ziemlich umständlich und mit großer Geruchsbelästigung verbunden ist, ist, wie bisher schon, das Vergraben in eine Tiefe von mindestens 50 cm eine probate Sache. Auch hier muss sichergestellt sein, dass Grundwasser nicht gefährdet wird und dass Schwarzwild das ihm verweigerte tierische Eiweiß nicht ausgräbt. Für vom Jäger nicht ausgelegtes, aber vom Schwarzwild in der Dickung aufgefundenes und gefressenes Fallwild, ist der Jagdpächter rechtlich nicht verantwortlich und kann deshalb auch nicht mit einem Bußgeld zwischen 20.000 € und 50.000 € belegt werden (§ 14 Absatz 3 TierNebG). Übrigens: Ein verendet aufgefundenes Stück Rehwild vermag eine sechsköpfige Rotte Sauen in kaum mehr als zwei Minuten auf natürliche Weise zu entsorgen, wie der Autor in den 70er Jahren in einem Schwarzwildgatter mit der Stoppuhr in der Hand mehrfach feststellen konnte.

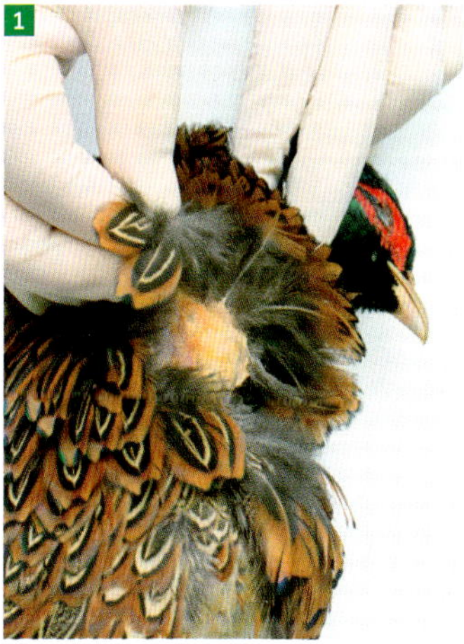

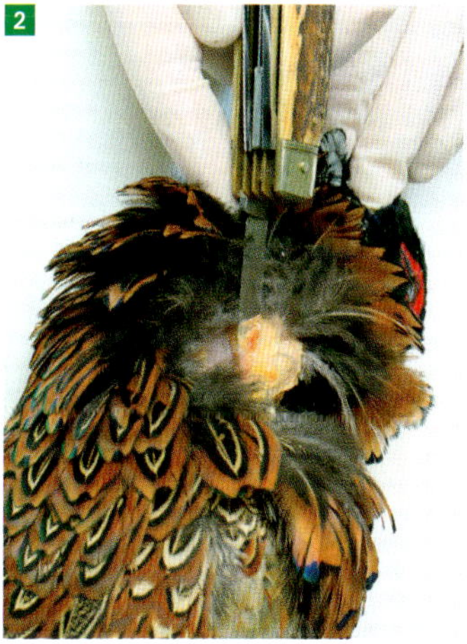

1 Über dem Kropf die Haut freirupfen. Damit sie dabei nicht einreißt, immer nur zwei, drei Federn greifen.

2 Mit kleiner Messerklinge die Haut über dem Kropf aufschärfen, ohne diesen selbst anzuschneiden.

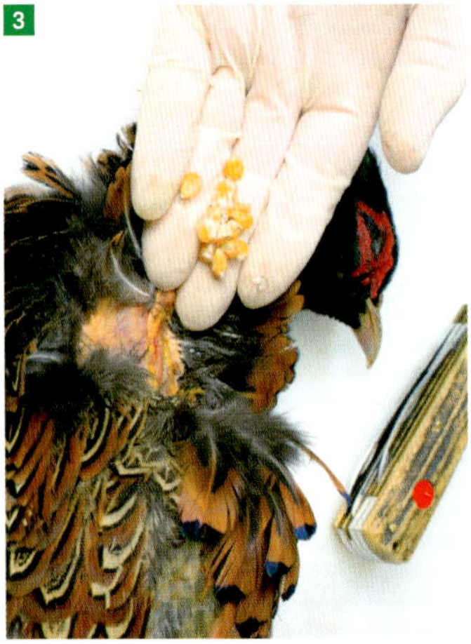

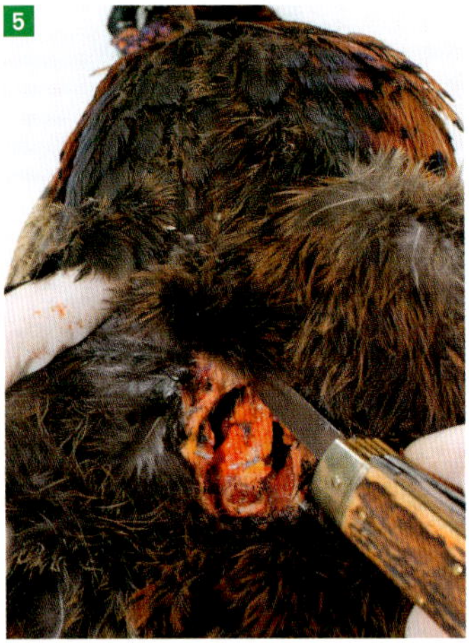

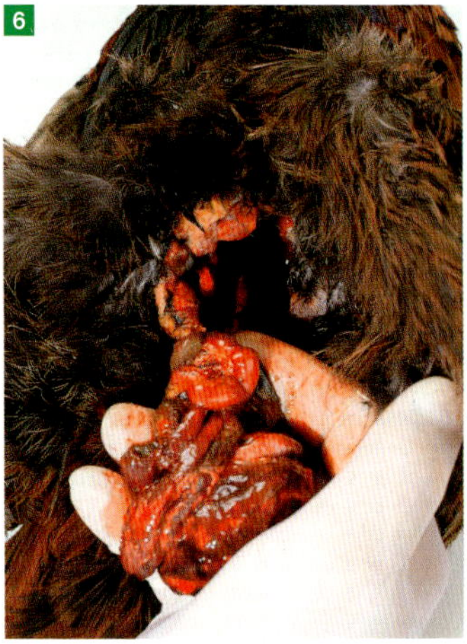

3 Stark gefüllten Kropf ganz herauslösen, ansonsten Kropfinhalt entfernen und die Kropfhaut abziehen.

4 Kloake freirupfen. Messer zwischen Kloake und Schwanzknochen ansetzen und Kloake links und rechts umschneiden.

5 Mit einem Schnitt durch Haut und Federkleid in Richtung Brustbein die Bauchhöhle öffnen.

6 Mit den Fingern Gescheide einschließlich Magen und Leber aus der Bauchhöhle ziehen, diese anschließend auf Krankheitsmerkmale prüfen.

Auszüge aus den EG-Verordnungen, die wichtig für sich Wild aneignende und vermarktende Jäger/innen sind

Verordnung (EG) Nr. 178/2002 Lebensmittelsicherheit

in ihrer Fassung vom 28. Januar 2002 (seit dem 01. Januar 2005 verbindlich):
Kapitel I, **Anwendungsbereich und Begriffsbestimmungen,**
Artikel 1, **Ziel und Anwendungsbereich,**
Absatz 3:
Diese Verordnung gilt für alle Produktions-, Verarbeitungs- und Vertriebsstufen von Lebensmitteln und Futtermitteln. **Sie gilt nicht für die Primärproduktion für den privaten häuslichen Gebrauch oder für die häusliche Verarbeitung, Handhabung oder Lagerung von Lebensmitteln zum häuslichen privaten Verbrauch** *(Hinweis: was für den Eigenbedarf bestimmt ist, liegt außerhalb rechtlicher Regelungen. Wird allerdings Wildbret, das ursprünglich für den Eigenbedarf bestimmt war, an Dritte abgegeben, treten alle rechtlichen Bestimmungen dieser Verordnung sofort in Kraft!!).*

Artikel 3 (Sonstige Definitionen).
Im Sinne dieser Verordnung bezeichnet der Ausdruck
Absatz 2: **»Lebensmittelunternehmen«** alle Unternehmen, gleichgültig, ob sie auf Gewinnerzielung ausgerichtet sind oder nicht und ob sie öffentlich oder privat sind, die eine mit der Produktion, der Verarbeitung und dem Vertrieb von Lebensmitteln zusammenhängende Tätigkeit ausführen
(Hinweis: hierzu zählt auch der Jagdbetrieb bzw. die Jagd als solche!!);
Absatz 3: **»Lebensmittelunternehmer«** die natürlichen oder juristischen Personen, die dafür verantwortlich sind, dass die Anforderungen des Lebensmittelrechts in dem ihrer Kontrolle unterstehenden Lebensmittelunternehmen erfüllt werden (Hinweis: hierzu zählt auch der Revierinhaber!!);

Absatz 17: **»Primärproduktion«** die Erzeugung, die Aufzucht oder den Anbau von Primärprodukten einschließlich Ernten, Melken und landwirtschaftliche Nutztierproduktion vor dem Schlachten. Sie umfasst auch das **Jagen und Fischen** und das Ernten wild wachsender Erzeugnisse.

Kapitell II: **Allgemeines Lebensmittelrecht**
Artikel 8, **Schutz der Verbraucherinteressen**
Absatz 1: Das Lebensmittelrecht hat den Schutz der Verbraucherinteressen zum Ziel und muss den Verbrauchern die Möglichkeit bieten, in Bezug auf die Lebensmittel, die sie verzehren, eine sachkundige Wahl zu treffen. Dabei müssen verhindert werden:
a) Praktiken des Betrugs oder der Täuschung,
b) die Verfälschung von Lebensmitteln und
c) alle sonstigen Praktiken, die den Verbraucher irreführen können
(Hinweis: hierunter fallen z. B. falsche Angaben zur Qualität des Wildbrets und dessen Verzehrfähigkeit!!).

Artikel 14, **Anforderungen an die Lebensmittelsicherheit**
Absatz 1: Lebensmittel, die nicht sicher sind, dürfen nicht in Verkehr gebracht werden.
Absatz 2: Lebensmittel gelten als nicht sicher, wenn davon auszugehen ist, dass sie
a) gesundheitsschädlich sind,
b) für den Verzehr durch den Menschen ungeeignet sind
(Hinweis: ungeeignet z. B. durch Verunreinigung mit Fremdstoffen, Kontamination mit Mikroorganismen, Verderbnis oder Fäulnis).

Wichtig zu wissen: Verstöße gegen diese Vorschrift werden seit dem 7. September 2005 als Straftat geahndet (§ 58 Abs. 2 Nr. 1 des Lebensmittel- und Futtermittelgesetzbuches in der Fassung vom 1. September 2005).

Artikel 18, **Rückverfolgbarkeit**
Absatz 1: die Rückverfolgbarkeit von Lebensmitteln und Futtermitteln, von der Lebensmittelgewinnung dienenden Tieren *(z. B. Wild)* und allen sonstigen Stoffen, die dazu bestimmt sind oder von denen erwartet werden kann, dass

sie in einem Lebensmittel oder Futtermittel verarbeitet werden, ist in allen Produktions-, Verarbeitungs und Vertriebsstufen sicherzustellen.

Absatz 3: die Lebensmittel und Futtermittelunternehmer richten Systeme und Verfahren zur Feststellung der anderen Unternehmen ein, an die ihre Erzeugnisse geliefert worden sind. Diese Informationen sind den zuständigen Behörden auf Aufforderung zur Verfügung zu stellen
(Hinweis: für den Revierinhaber bedeutet dies, dass er akribisch aufzeichnet, an welchen Wildeinzelhändler, Metzger oder Gastronomen er wann welches Wild oder Teile von Wild geliefert hat. Keine derartige Aufzeichnungspflicht besteht für Stücke, die direkt an den Endverbraucher abgegeben werden).

Verordnung (EG) Nr. 852/2004 »Lebensmittelhygiene«

in ihrer Fassung vom 25. Juni 2004
Kapitel I **Allgemeine Bestimmungen**
Artikel 1 **Geltungsbereich**
Absatz 2: die Verordnung **gilt nicht** für
a) die Primärproduktion für den privaten häuslichen Gebrauch;
b) die häusliche Verarbeitung, Handhabung oder Lagerung von Lebensmitteln zum häuslichen privaten Verbrauch;
c) die direkte Abgabe kleiner Mengen von Primärerzeugnissen durch den Erzeuger an den Endverbraucher oder an lokale Einzelhandelsgeschäfte, die die Erzeugnisse unmittelbar an den Endverbraucher abgeben.
Absatz 3: im Rahmen der einzelstaatlichen Rechtsvorschriften erlassen die Mitgliedsstaaten Vorschriften für die Tätigkeiten im Sinne des Absatzes 2 Buchstabe c). Mit diesen einzelstaatlichen Vorschriften muss gewährleistet werden, dass die Ziele dieser Verordnung erreicht werden.

Artikel 2, **Begriffsbestimmungen**
Absatz 1, Buchstaben
b) **»Primärerzeugnisse«** Erzeugnisse aus primärer Produktion einschließlich Anbauerzeugnissen, Erzeugnissen aus der Tierhaltung, **Jagderzeugnissen** und Fischereierzeugnissen;
f) **»Kontamination«** das Vorhandensein oder das Heranbringen einer Gefahr;

g) **»Trinkwasser«** Wasser, das den Mindestanforderungen der Verordnung (EG) Nr. 1882/2003 entspricht (ehemals Richtlinie 98/83 EG).

Artikel 4: **Allgemeine und spezifische Hygienevorschriften**
Absatz 1: Lebensmittelunternehmer, die in der Primärproduktion tätig sind und die in **Anhang I** aufgeführten damit zusammenhängenden Vorgänge durchführen, haben die allgemeinen Hygienevorschriften gemäß **Anhang I Teil A** sowie etwaige spezielle Anforderungen der Verordnung (EG) Nr. 853/2004 zu erfüllen.

Anhang I: **Primärproduktion**
Teil A: Allgemeine Hygienevorschriften für die Primärproduktion und damit zusammenhängende Vorgänge

I Geltungsbereich

Absatz 1. Dieser Anhang gilt für die Primärproduktion und die folgenden damit zusammenhängenden Vorgänge:

a) die Beförderung, die Lagerung und die Behandlung von Primärerzeugnissen am Erzeugungsort, sofern dabei ihre Beschaffenheit nicht wesentlich verändert wird, und
c) im Falle von .... **Wild** die Beförderung zur Lieferung von Primärerzeugnissen, deren Beschaffenheit nicht wesentlich verändert wurde, vom Erzeugungsort zu einem Betrieb.

II Hygienevorschriften

Absatz 2 Die Lebensmittelunternehmer müssen soweit wie möglich sicherstellen, dass Primärerzeugnisse im Hinblick auf eine spätere Verarbeitung vor Kontaminationen geschützt werden.
Absatz 3 Unbeschadet der allgemeinen Verpflichtung nach Absatz 2 müssen die Lebensmittelunternehmer die einschlägigen gemeinschaftlichen und einzelstaatlichen Rechtsvorschriften über die Eindämmung von Gefahren bei der Primärproduktion und damit zusammenhängenden Vorgängen einhalten, einschließlich
a) der Maßnahmen zur Verhinderung der Kontamination durch Bestandteile der Luft, des Bodens und des Wassers...

Absatz 4 Die Lebensmittelunternehmer, die .... **jagen oder Primärerzeugnisse tierischen Ursprungs gewinnen,** müssen die jeweils angemessenen Maßnahmen treffen, um

a) die für die Primärproduktion und damit zusammenhängenden Vorgänge verwendeten Anlagen ... zu reinigen und erforderlichenfalls nach der Reinigung in geeigneter Weise zu desinfizieren;

b) Ausrüstung, Behälter, Transportkisten ... zu reinigen und erforderlichenfalls nach der Reinigung in geeigneter Weise zu desinfizieren;

d) erforderlichenfalls zur Vermeidung von Kontaminationen Trinkwasser oder sauberes Wasser zu verwenden;

e) sicherzustellen, dass das an der Behandlung von Lebensmitteln beteiligte Personal gesund und in Bezug auf Gesundheitsrisiken geschult ist *(Hinweis: gilt auch für alle im Jagdbetrieb mit der Erlegung, der Versorgung und dem Zerwirken von Wild befassten Personen, sofern dieses Wild nicht für die eigene häusliche Verwertung bestimmt ist);*

f) Kontaminationen durch Tiere oder Schädlinge so weit wie möglich vorzubeugen *(Hinweis: beim Versorgen und am zur Strecke gelegten Wild dürfen sich keine Hunde am Wild zu schaffen machen!!!);*

h) zu verhindern, dass auf den Menschen übertragbare Infektionskrankheiten durch Lebensmittel eingeschleppt und verbreitet werden ... *(siehe hierzu auch »Belehrung gemäß §§ 43 Absatz 1 Nr. 1 Infektionsschutzgesetz (IFSG) – Gesundheitsinformation für den Umgang mit Lebensmitteln«).*

Verordnung (EG) Nr. 853/2004 Spezifische Hygienevorschriften für Lebensmittel tierischen Ursprungs

in ihrer Fassung vom 25. Juni 2004

Kapitel I Allgemeine Bestimmungen

Artikel I Geltungsbereich

Absatz 3: Diese Verordnung gilt nicht für

a) die Primärproduktion für den privaten häuslichen Gebrauch;

b) die häusliche Verarbeitung, Handhabung oder Lagerung von Lebensmitteln zum häuslichen privaten Gebrauch;

c) die direkte Abgabe kleiner Mengen von Primärerzeugnissen durch den

Erzeuger an den Endverbraucher oder an örtliche Einzelhandelsunternehmen, die die Erzeugnisse direkt an den Endverbraucher abgeben;
e) Jäger, die kleine Mengen von Wild oder Wildfleisch direkt an den Endverbraucher oder an örtliche Einzelhandelsunternehmen zur direkten Abgabe an den Endverbraucher abgeben.

Hinweise: zum Zeitpunkt der Drucklegung dieses Werkes galt als »kleine Menge«, definiert vom Bundesministerium für Ernährung, Landwirtschaft und Verbraucherschutz (BMELV) im Einvernehmen mit den zuständigen Landesbehörden, die Strecke eines Jagdtages *(auch wenn 30, 50 und mehr Stücke Schalenwild im Rahmen einer Drückjagd oder 50, 100 und mehr Hasen, Fasane oder Enten im Rahmen einer Treibjagd erlegt werden).* Unter »lokalen Einzelhandelsgeschäften« sind nach Definition der gleichen Behörden Wildeinzelhändler, Metzgereien und Gaststätten zu verstehen, die sich in einem Umkreis von 100 Kilometer zum Revier oder zum Wohnort des Jägers befinden (auch wenn dieser mehrere Autostunden vom Revier entfernt ist).

Absatz 4: Im Rahmen des einzelstaatlichen Rechts erlassen die Mitgliedstaaten Vorschriften für die in Absatz 3 Buchstaben c) ... und e) genannten Tätigkeiten und Personen. **Mit diesen einzelstaatlichen Vorschriften muss gewährleistet werden, dass die Ziele dieser Verordnung erreicht werden** *(Hinweis: damit können diese einzelstaatlichen Vorschriften substantiell nicht wesentlich von den rechtlichen Vorgaben dieser Verordnung abweichen).*
Absatz 5:
a) Sofern nicht ausdrücklich anders angegeben, gilt diese Verordnung nicht für den Einzelhandel.
b) Diese Verordnung gilt jedoch für Einzelhandeltätigkeiten, die zur Deckung des Bedarfs eines anderen Betriebs an Lebensmitteln tierischen Ursprungs ausgeübt werden, es sei denn
i) die Tätigkeit beschränkt sich auf die Lagerung und den Transport, wobei die speziellen Temperaturanforderungen des Anhangs III dennoch gelten oder
ii) die Abgabe von Lebensmitteln tierischen Ursprungs erfolgt ausschließlich von einem Einzelhandelsunternehmen an andere Einzelhandelsunternehmen und stellt nach innerstaatlichem Recht eine nebensächliche Tätigkeit auf

lokaler Ebene von beschränktem Umfang dar *(Hinweis: von einer nebensächlichen Tätigkeit auf lokaler Ebene von beschränktem Umfang kann bei der Veräußerung von Wild und Wildeinzelteilen ausgegangen werden, wenn nicht mehr als 1/3 der Jahresgesamtmenge an den Einzelhandel – z. B. Metzgereien, Gaststätten oder nahe gelegene Filialen – abgegeben werden).*

Anhang I Begriffsbestimmungen

Im Sinne dieser Verordnung bezeichnet der Ausdruck
1.1 **»Fleisch«** alle genießbaren Teile der in den Nummern 1.2 bis 1.8 genannten Tiere, einschließlich Blut;
1.5 **»frei lebendes Wild«**

- frei lebende Huf- und Hasentiere sowie andere Landsäugetiere, die für den menschlichen Verzehr gejagt werden und nach dem geltenden Recht des betreffenden Mitgliedstaats als Wild gelten, einschließlich Säugetiere, die in einem geschlossenen Gehege unter ähnlichen Bedingungen leben wie frei lebendes Wild, und
- frei lebende Vogelarten, die für den menschlichen Verzehr gejagt werden.

1.7. **»Kleinwild«** frei lebendes Federwild und frei lebende Hasentiere;
1.8. **»Großwild«** frei lebende Landsäugetiere, die nicht unter die Begriffsbestimmung für Kleinwild fallen;
1.10. **»frisches Fleisch«** Fleisch, das zur Haltbarmachung ausschließlich gekühlt, gefroren oder schnellgefroren wurde, einschließlich vakuumverpacktes oder in kontrollierter Atmosphäre umhülltes Fleisch;
1.12. **»Eingeweide«** Organe der Brust, Bauch und Beckenhöhle sowie die Luft und Speiseröhre und – bei Geflügel – den Kropf.
1.18. **»Wildbearbeitungsbetrieb«** einen Betrieb, in dem erlegtes Wild und Wildbret für das Inverkehrbringen zugerichtet werden.

Anhang III Besondere Anforderungen

Abschnitt IV: **Fleisch von frei lebendem Wild**
Kapitel I: **Ausbildung von Jägern in Gesundheits- und Hygienefragen**
1. Personen, die Wild bejagen, um Wildbret für den menschlichen Verzehr in den Verkehr zu bringen, müssen auf dem Gebiet der Wildpathologie (Wildkrankheiten) und der Produktion und Behandlung von Wildbret ausreichend geschult sein, um das Wild vor Ort einer ersten Untersuchung unterziehen zu können.

2. Es genügt jedoch, wenn mindestens eine Person einer Jagdgesellschaft über die in Nr. 1 bezeichneten Kenntnisse verfügt. Der Ausdruck »kundige Person« im vorliegenden Abschnitt bezeichnet eine solche Person.
3. Die kundige Person könnte auch der Wildheger oder Wildhüter sein, wenn sie Teil der Jagdgesellschaft oder in unmittelbarer Nähe des Gebiets niedergelassen ist, in dem die Jagd stattfindet. Im letztgenannten Fall muss der Jäger das Wild dem Wildheger oder Wildhüter vorlegen und ihn über etwaige vor dem Erlegen beobachtete Verhaltensstörungen unterrichten *(Hinweis: der Verordnung entsprechen würde auch der zur »kundigen Person« geschulte Berufsjäger, amtlich bestätigte Jagdaufseher oder Revierbeamte).*
4. **Die zuständige Behörde muss sich davon überzeugen, dass Jäger ausreichend geschult sind, um als kundige Personen gelten zu können.** Die Ausbildungsgänge sollten mindestens folgende Gebiete umfassen:
a) normale Anatomie *(Körperbau)*, Physiologie *(Lehre von allgemeinen Lebensvorgängen und Funktionen des Organismus)* und Verhaltensweisen von frei lebendem Wild,
b) abnorme Verhaltensweisen und pathologische *(krankhafte)* Veränderungen beim Wild infolge von Krankheiten, Umweltverschmutzung oder sonstigen Faktoren, die die menschliche Gesundheit bei Verzehr von Wildbret schädigen können.
c) Hygiene- und Verfahrensvorschriften für den Umgang mit Wildkörpern nach dem Erlegen, ihr Befördern, Ausweiden usw. und
d) Rechts und Verwaltungsvorschriften auf dem Gebiet der Gesundheit von Mensch und Tier und auf hygienerechtlichem Gebiet, die für das Inverkehrbringen von Wildbret von Belang sind.
5. Die zuständige Behörde sollte die Jagdverbände auffordern, solche Lehrgänge anzubieten.

Kapitel II: Umgang mit frei lebendem Großwild

1. Nach dem Erlegen des frei lebenden Großwilds müssen Mägen und Gedärme so bald wie möglich entfernt werden; erforderlichenfalls müssen die Tiere entblutet werden *(Hinweis: »so bald wie möglich« bedeutet ohne Zeitverzögerung, um eine Kontamination des Wildfleisches mit Erregern aus dem Magen-/Darmbereich einzudämmen).*
2. Die kundige Person muss den Wildkörper und alle ausgenommenen Eingeweide auf Merkmale hin untersuchen, die darauf schließen lassen, dass

das Fleisch gesundheitlich bedenklich sein könnte. Die Untersuchung muss so bald wie möglich nach dem Erlegen stattfinden *(Hinweis: dies setzt voraus, dass die die Eingeweide (Organe der Brust-, Bauch- und Beckenhöhle) untersuchende Person ausreichende Kenntnisse besitzt, um Abweichungen von der Normalität erkennen zu können).*

3. Fleisch von frei lebendem Großwild darf nur in den Verkehr gebracht werden, wenn der Wildkörper so bald wie möglich nach der unter Nummer 2 genannten Untersuchung zu einem Wildbearbeitungsbetrieb befördert wird. Die Eingeweide müssen dem Wildkörper gemäß den Vorschriften der Nummer 4 beigefügt werden. Die Eingeweide müssen als zu einem bestimmten Tier gehörig erkennbar sein.

4. a) Werden bei der Untersuchung gemäß Nummer 2 keine auffälligen Merkmale festgestellt, vor dem Erlegen keine Verhaltensstörungen beobachtet und besteht kein Verdacht auf Umweltkontamination, so muss die kundige Person dem Wildkörper eine mit einer Nummer versehene Erklärung beigeben, in der dies bescheinigt wird. In dieser Bescheinigung müssen auch das Datum, der Zeitpunkt und Ort des Erlegens aufgeführt werden. In diesem Fall brauchen der Kopf und die Eingeweide dem Wildkörper nicht beigefügt werden, außer bei Tieren der für Trichinose anfälligen Arten (Schweine, Einhufer und andere), deren Kopf (ausgenommen Hauer) und Zwerchfell dem Wildkörper beigefügt werden müssen. Die Jäger müssen jedoch allen zusätzlichen Anforderungen, die in den Mitgliedstaaten, in denen gejagt wird, gestellt werden, genügen, damit insbesondere bestimmte Rückstände und Stoffe gemäß der Richtlinie 96/23/EG kontrolliert werden können.

b) Anderenfalls müssen der Kopf (ausgenommen Hauer, Geweih und Hörner) und alle Eingeweide mit Ausnahme des Magens und der Gedärme beigefügt werden. Die kundige Person, die die Untersuchung vorgenommen hat, muss der zuständigen Behörde mitteilen, welche auffälligen Merkmale, welche Verhaltensstörungen oder welcher Verdacht auf Umweltkontamination sie bewogen hatten, keine Bescheinigung im Sinne von Buchstabe a) auszustellen.

c) Steht zur Durchführung der Untersuchung nach Nummer 2 keine kundige Person zur Verfügung, so müssen der Kopf (ausgenommen Hauer, Geweih und Hörner) sowie alle Eingeweide mit Ausnahme des Magens und der Gedärme beim Wildkörper belassen werden.

5. Die Wildkörper insgesamt müssen nach dem Erlegen innerhalb einer angemessenen Zeitspanne auf nicht mehr als 7 °C abgekühlt werden. Soweit es die klimatischen Verhältnisse erlauben, ist eine aktive Kühlung nicht erforderlich *(Hinweis: hier geht es um die so genannte Kerntemperatur, gemessen in der Keule, die möglichst 24 Stunden nach Eintritt des Todes erreicht sein sollte).*
6. Während der Beförderung zum Wildbearbeitungsbetrieb muss das Übereinanderlegen von Wildkörpern vermieden werden.
7. Frei lebendes Großwild, das in einem Wildbearbeitungsbetrieb angeliefert wird, muss der zuständigen Behörde zur Untersuchung gestellt werden.
8. Außerdem darf nicht enthäutetes frei lebendes Großwild nur enthäutet und in Verkehr gebracht werden, wenn es
a) vor der Häutung von anderen Lebensmitteln getrennt gelagert und behandelt und nicht tiefgefroren wird und
b) nach der Häutung einer abschließenden Untersuchung gemäß Verordnung (EG) Nr. 854/2004 unterzogen wird.
9. Für das Zerlegen und Entbeinen von frei lebendem Großwild gelten die Vorschriften von Abschnitt I Kapitel V *(Hinweis: betrifft die allgemeine Zerlegungs- und Entbeinungshygiene).*

Kapitel III: Umgang mit frei lebendem Kleinwild

1. Die kundige Person muss den Wildkörper auf Merkmale hin untersuchen, die darauf schließen lassen, dass das Fleisch gesundheitlich bedenklich sein könnte. Die Untersuchung muss so bald wie möglich nach dem Erlegen stattfinden (Hinweis: *das bedeutet, dass Hasen, Kanin und Federwild vor dem zur Strecke legen auf bereits äußerlich erkennbare und für den Verzehr bedenkliche Merkmale durchkontrolliert werden).*
2. Werden bei der Untersuchung auffällige Merkmale festgestellt, vor dem Erlegen Verhaltensstörungen beobachtet oder besteht ein Verdacht auf Umweltkontamination, so muss die kundige Person die zuständige Behörde davon unterrichten (Hinweis: ein auffälliges Merkmal kann ein stark aufgedunsener Wildkörper sein, ausgelöst durch Gärungsprozesse und starke Vermehrung von Mikroorganismen im Magen-/Darmbereich, die das Wildbret kontaminieren).
3. Fleisch von frei lebendem Kleinwild darf nur in den Verkehr gebracht werden, wenn der Wildkörper so bald wie möglich nach der unter Nummer 1 genannten Untersuchung zu einem Wildbearbeitungsbetrieb befördert wird.

4. Die Wildkörper insgesamt müssen nach dem Erlegen innerhalb einer angemessenen Zeitspanne auf nicht mehr als 4° C abgekühlt werden. Soweit es die klimatischen Verhältnisse erlauben, ist eine aktive Kühlung nicht erforderlich (Hinweis: hier ist wieder die Kerntemperatur, gemessen in der Keule, gemeint. Sie sollte 12 Stunden nach dem Verbringen in die Kühlung und spätestens 24 Stunden nach dem Erlegen erreicht sein).
5. Die Wildkörper müssen nach dem Eintreffen im Wildbearbeitungsbetrieb ohne ungerechtfertigte Verzögerung ausgeweidet oder vollständig ausgeweidet werden, sofern die zuständige Behörde keine anderweitige Genehmigung erteilt.
6. An einen Wildbearbeitungsbetrieb geliefertes frei lebendes Kleinwild muss der zuständigen Behörde zur Inspektion vorgeführt werden.
7. Für das Zerlegen und Entbeinen von frei lebendem Kleinwild gelten die Vorschriften von Abschnitt II Kapitel V *(Hygiene beim und nach dem Zerlegen und Entbeinen von Hausgeflügel und Stallhasen).*

Verordnung (EG) Nr. 854/2004
Verfahrensvorschriften für die amtliche Überwachung von zum menschlichen Verzehr bestimmten Erzeugnissen tierischen Ursprungs

in ihrer Fassung vom 25. Juni 2004

Kapitel I Allgemeine Bestimmungen

Artikel 1 **Geltungsbereich**

Absatz 2: Sie gilt nur für Tätigkeiten und Personen, auf die die Verordnung (EG) Nr. 853/2004 Anwendung findet.

Absatz 3: Die Durchführung der amtlichen Überwachung gemäß der vorliegenden Verordnung erfolgt unbeschadet der primären rechtlichen Verantwortung der Lebensmittelunternehmer für die Gewährleistung der Lebensmittelsicherheit nach der Verordnung (EG) Nr. 178/2002.

Artikel 2 **Begriffsbestimmungen**

Absatz 1: Für die Zwecke dieser Verordnung gelten folgende Begriffsbestimmungen:

c) **»zuständige Behörde«** ist die für die Durchführung von Veterinärkontrollen zuständige zentrale Behörde eines Mitgliedstaates oder jede andere amtliche Stelle, der sie diese Zuständigkeit übertragen hat;
f) **»amtlicher Tierarzt«** ist ein Tierarzt, der im Sinne dieser Verordnung qualifiziert ist, als solcher handelt, und der von der zuständigen Behörde benannt wird;
g) **»zugelassener Tierarzt«** ist ein von der zuständigen Behörde bezeichneter Tierarzt, der für diese Behörde bestimmte amtliche Kontrollen in Betrieben durchführt;
h) **»amtlicher Fachassistent«** ist eine Person, die im Sinne dieser Verordnung qualifiziert ist, als solche zu handeln, die von der zuständigen Behörde benannt wird und unter Aufsicht und Verantwortung eines amtlichen Tierarztes arbeitet.

Abschnitt IV **Spezifische Vorschriften**
Kapitel VIII: **Frei lebendes Wild**

A. Fleischuntersuchung

Absatz 3: Bei der Fleischuntersuchung hat der amtliche Tierarzt folgende Maßnahmen durchzuführen:
a) Besichtigung des Tierkörpers, seiner Leibeshöhlen und gegebenenfalls seiner Organe
i) zur Feststellung etwaiger, nicht von der Jagd herrührender Anomalien. Dabei kann sich die Diagnose auf Angaben der kundigen Person zum Verhalten des Tieres vor dem Erlegen stützen,
ii) zur Kontrolle, dass der Tod des Tieres nicht durch andere Gründe als Erlegen verursacht wurde *(verunfalltes Wild, Fallwild, vom Hunde gerissen).*
Reicht die Besichtigung für eine Beurteilung nicht aus, so sind weiter gehende Laboruntersuchungen durchzuführen;
b) Untersuchung auf organoleptische Anomalien;
c) Durchtasten der Organe, soweit dies für erforderlich gehalten wird;
e) Untersuchung auf Merkmale, die darauf hinweisen, dass das Fleisch gesundheitlich bedenklich ist, insbesondere
i) vom Jäger mitgeteilte, abnorme Verhaltensweisen und Störungen des Allgemeinzustandes,

ii) generalisierte Tumore oder Abszesse, wenn sie in verschiedenen inneren Organen oder in der Muskulatur vorkommen,
iii) Arthritis *(Gelenkentzündung),* Orchitis (Hodenentzündung), pathologische (krankhafte) Veränderungen der Leber oder Milz, Darm- und Nabelentzündungen,
iv) nicht von der Jagd herrührende Fremdkörper in Leibeshöhlen, im Magen, im Darm oder Harn, sofern Brust oder Bauchfell verfärbt sind (falls derartige Eingeweide vorhanden sind),
v) Parasitenbefall *(Hinweis: gemeint sind hier Trichinen, anhaftende wie eingelagerte Bandwurmfinnen, durch Sarkosporidien verursachte Abszesse u. ä., jedoch nicht Hirschlaus, Zecken, Lungen- oder Leberwumbefall)*
vi) übermäßige Gasbildung im Magen und Darmtrakt mit Verfärbung der inneren Organe (falls derartige Eingeweide vorhanden sind),
vii) erhebliche Abweichungen der Muskulatur oder der Organe in Farbe, Konsistenz oder Geruch,
viii) alte, offene Knochenbrüche,
ix) Auszehrung (Kachexie) und oder generalisierte oder lokalisierte Ödeme (Schwellungen, Geschwülste),
x) frische Verklebungen oder Verwachsungen mit Brust oder Bauchfell oder
xi) sonstige augenfällige und großflächige Veränderungen wie beispielsweise Verwesung (oder Verhitzen).

4. Auf Verlangen des amtlichen Tierarztes sind Wirbelsäule und Kopf längs zu spalten.

5. Bei Kleinwild, das nicht unmittelbar nach dem Erlegen ausgeweidet wurde, führt der amtliche Tierarzt die Fleischuntersuchung an einer repräsentativen Stichprobe von Tieren derselben Strecke durch. Ergibt die Untersuchung eine auf den Menschen übertragbare Krankheit oder eines der in Nummer 3 Buchstabe e) aufgeführten Merkmale, so führt der amtliche Tierarzt weitere Untersuchungen der gesamten Partie durch, um festzustellen, ob die Tierkörper für genussuntauglich erklärt oder einzeln untersucht werden müssen.

6. Im Zweifelsfall kann der amtliche Tierarzt an den betreffenden Körperstellen weitere Schnitte und Untersuchungen vornehmen, soweit dies für eine endgültige Diagnose erforderlich ist.

B. Entscheidungen aufgrund von Kontrollergebnissen

Zusätzlich zu den Fällen gemäß Abschnitt II Kapitel V ist Fleisch für **genussuntauglich** zu erklären, das bei der Fleischuntersuchung eines der Merkmale gemäß **Teil A Nummer 3 Buchstabe e)** aufweist.

Hinweis: Nach Abschnitt II Kapitel V ist Fleisch u.a. genussuntauglich, wenn es von abgemagerten Tieren stammt oder Verunreinigungen, Verschmutzung durch Fäkalien oder sonstige Kontamination aufweist *(Hinweis: das ist immer bei Weidwundschüssen gegeben).*

Anmerkung:
Wenn in der Verordnung (EG) Nr. 854/2004 festgelegt ist, dass Wildfleisch vom amtlichen Tierarzt als genussuntauglich zu erklären ist, das von Tieren stammt, die Merkmale nach Teil A Nummer 3 Buchstabe e) aufweisen, dann muss dies auch für Wildfleisch gelten, das vom Jäger direkt vermarktet wird. Alles andere entspräche nicht den Vorgaben der Verordnungen, die bei für den Bereich Primärerzeugnis und dessen Vermarktung betreffenden einzelstaatlichen Regelungen die gleiche Lebensmittelsicherheit einfordern, wie sie die Verordnungen selbst gewährleisten.

Voraussetzungen für die direkte Abgabe von Wild

Auf der Grundlage der zuvor dargestellten EU-Verordnungen und bisheriger rechtlicher Gegebenheiten (Fleischygieneverordnung) sowie des am 1. September 2005 erlassenen und am 7. September 2005 in Kraft getretenen Lebensmittel- und Futtermittelgesetzbuches (LFGB) wurden nationale Regelungen für die Abgabe von kleinen Mengen an Primärerzeugnissen oder Lebensmittel tierischen Ursprungs an Endverbraucher und an den regionalen Einzelhandel erarbeitet. Als regional gilt: 100 Kilometer Umkreis zum Erlegungsort bzw. zum Wohnort des Wild als Primärerzeugnis oder in Teilstücken abgebenden Jagscheininhabers.

Lebensmittelhygiene-Verordnung (LMHV) Tierische Lebensmittel-Hygieneverordnung (Tier-LMHV)

(Verordnungsentwurf vom März 2007. Anmerkung des Verfassers: Es ist davon auszugehen, dass der Bundesrat **voraussichtlich** im Mai 2007 den darin enthaltenen Regelungen zustimmt).

LMHV und LMHV Tier ergänzen auf nationaler Ebene die entsprechenden EU-Verordnungen zur Lebensmittelhygiene in jenen Bereichen, in denen die EU-Verordnungen dies ausdrücklich zulassen. Nachstehend werden die für den Wildfleisch gewinnenden und vermarktenden Jagdscheininhaber wichtigsten Punkte zusammenfassend dargestellt:

Wer Groß- und Kleinwild gewinnt, um es zu häuten bzw. zu rupfen und in zerlegtem Zustand direkt an Endverbraucher oder an den örtlichen Einzelhandel abzugeben, der muss die Qualifikation einer »kundigen Person« (Verordnung (EG) 853/2004) besitzen. Er hat das Wild auf für den Verzehr des Wildfleisches bedenkliche Merkmale hin zu überprüfen und eine hygienische Behandlung des Wildes bei der Vorbereitung zur Abgabe sowie bei seiner Lagerung und Beförderung sicherzustellen (Tier-LMHV § 4 Abs. 1).

Darauf kommt es bei der Abgabe kleiner Mengen von erlegtem Wild oder Wildfleisch an

1 Beim Gewinnen des Fleisches ist folgendes zu beachten:

1.1 Großwild nach Anhang I Nr. 1.8 der Verordnung (EG) Nr. 853/2004 ist so schnell wie möglich, Kleinwild nach Anhang I Nr. 1.7 der Verordnung (EG) Nr. 853/2004 spätestens bei der Abgabe aufzubrechen und auszuweiden. Das Enthäuten und eine Zerlegung von Großwild am Erlegungsort ist nur zulässig, wenn der Transport sonst nicht möglich ist.

1.2 Großwild ist unmittelbar nach dem Aufbrechen und Ausweiden so aufzubewahren, dass es gründlich auskühlen und in den Körperhöhlen abtrocknen kann. Kleinwild ist unmittelbar nach dem Erlegen so aufzubewahren, dass es gründlich auskühlen kann. Großwild muss alsbald nach dem Erlegen auf eine Innentemperatur von höchstens +7° C, Kleinwild auf eine Innentemperatur von höchstens +4° C abgekühlt sein; erforderlichenfalls ist das erlegte Wild dazu in eine eigene Kühleinrichtung zu verbringen.

1.3 Beim Erlegen, Aufbrechen, Zerwirken und weiteren Behandeln ist auf Merkmale zu achten, die das Fleisch als gesundheitlich bedenklich erscheinen lassen. Diese liegen insbesondere vor bei:

1.3.1 abnormen Verhaltensweisen und Störungen des Allgemeinbefindens;

1.3.2 Fehlen von Anzeichen äußerer Gewalteinwirkung als Todesursache (Fallwild);

1.3.3 Geschwülsten und Abszessen, wenn sie zahlreich oder verteilt in inneren Organen oder in der Muskulatur vorkommen;

1.3.4 Schwellungen der Gelenke oder Hoden, Hodenvereiterung, Leber- oder Milzschwellung, Darm- oder Nabelentzündung, bei Federwild Entzündung des Herzens, des Drüsen- und Muskelmagens;

1.3.5 fremden Inhalt in den Körperhöhlen, insbesondere Magen- und Darminhalt oder Harn, wenn Brust- oder Bauchfell verfärbt sind;

1.3.6 erheblicher Gasbildung im Magen- und Darmkanal mit Verfärbung der inneren Organe;

1.3.7 erheblichen Abweichungen der Muskulatur oder der Organe in Farbe, Konsistenz oder Geruch;

1.3.8 offenen Knochenbrüchen, soweit sie nicht unmittelbar mit dem Erlegen in Zusammenhang stehen;

1.3.9 erheblicher Abmagerung;

1.3.10 frischen Verklebungen oder Verwachsungen von Organen mit Brust- oder Bauchfell;

1.3.11 Geschwülste oder Wucherungen im Kopfbereich oder an den Ständern von Federwild;

1.3.12 verklebten Augenlidern, Anzeichen von Durchfall, insbesondere im Bereich der Kloake, sowie Verklebungen und sonstigen Veränderungen der Befiederung, Haut- und Kopfanhänge sowie Ständer bei Federwild:

1.3.13 sonstigen erheblichen sinnfälligen Veränderungen außer Schussverletzungen.

1.4 Eingeweide, die Veränderungen aufweisen, sind so zu kennzeichnen, dass die Zugehörigkeit zu dem betreffenden Wildkörper festgestellt werden kann; sie müssen bis zum Abschluss der amtlichen Untersuchungen beim Wildkörper verbleiben.

2 Es ist durch geeignete Maßnahmen oder Vorrichtungen sicherzustellen, dass beim Zerlegen und Umhüllen Fleisch von Großwild auf einer Temperatur von nicht mehr als +7° C und Fleisch von Kleinwild auf einer Temperatur von nicht mehr als +4° C gehalten wird.

3 Räume zum Sammeln von Groß- und Kleinwild nach dem Erlegen (Wildkammern) müssen über

3.1 eine geeignete Kühleinrichtung verfügen, wenn auf andere Weise eine gründliche Auskühlung des erlegten Wildes nicht erreicht werden kann;

3.2 einen geeigneten Platz zum Enthäuten und Zerlegen verfügen, wenn diese Arbeiten darin ausgeführt werden.

4 In den Räumen und gegebenenfalls in Wildkammern gilt für die Bearbeitung des erlegten Wildes Folgendes:

4.1 Untersuchungspflichtiges erlegtes Wild ist so rechtzeitig der Untersuchung zuzuführen, dass Veränderungen bei der amtlichen Untersuchung erkannt und beurteilt werden können;

4.2 Erlegtes Großwild ist auf Ersuchen des amtlichen Untersuchers zur Untersuchung zu enthäuten, der Brustkorb ist zu öffnen. Die Wirbelsäule und der Kopf sind längst zu spalten, wenn nach Feststellung des Untersuchers gesundheitliche Gründe dies erforderlich machen. Erlegtes Großwild in der Decke darf nicht eingefroren werden.

4.3 Erlegtes Federwild ist auf Verlagen des Untersuchers zur Untersuchung so herzurichten, dass die nach der fachlichen Beurteilung erforderlichen Untersuchungen durchgeführt werden können. Ungerupftes und nicht ausgenommenes Federwild darf nicht eingefroren werden.

4.4 Großwild in der Decke oder Kleinwild in der Decke oder im Federkleid dürfen Fleisch von erlegtem Wild nicht berühren. (Tierische Lebensmittel-Hygieneverordnung – Tier-LMHV, Anlage 4)

Werden vor oder nach dem Erlegen für den Verzehr des Wildfleisches bedenkliche Merkmale festgestellt, ist das Wild einer amtlichen Fleischuntersuchung zuzuführen. Wildschweine, Sumpfbiber (Nutria), Dachs und andere Tiere, die Träger von Trichinen sein können, sind zur amtlichen Untersuchung auf Trichinen anzumelden (Tier-LMHV § 4 Abs. 2 Nr. 2). Wird das Wild in Haar- oder Federkleid an einen Betrieb des Einzelhandels oder an eine Jägerin oder Jäger abgegeben, dann sind diese über eventuelle festgestellte bedenkliche Merkmale zu unterrichten. Die Verpflichtung der Anmeldung zur amtlichen Fleisch- bzw. Trichinenuntersuchung geht auf diese über (Tier-LMHV § 4 Abs. 2 Nr. 2, Satz 2 und 3).
Die Abgabe kleiner Mengen von erlegtem Wild an Endverbraucher darf nur erfolgen, wenn es gesundheitlich unbedenklich und ausgeweidet ist – gilt vor allem auch für Hase, Kanin und Federwild (Tier-LMHV § 5 Abs. 3).
Wird im häuslichen Bereich Groß- wie Kleinwild in kleinen Mengen (Strecke eines Jagdtages) gehäutet und zerwirkt und werden Teile davon direkt an Endverbraucher oder örtlichen Einzelhandel (Gastronomie, Metzgerei etc.) abgegeben, dann gilt für die Räume, in denen gehäutet oder zerlegt wird, folgendes (EU-Verordnung (EG) 852/2004 Anhang II Kapitel III) :

1. Sie müssen so beschaffen sein, dass das Risiko der Kontamination, insbesondere durch Tiere und Schädlinge vermieden wird.

2. Insbesondere gilt erforderlichenfalls Folgendes:
   a) Es müssen geeignete Vorrichtungen (einschließlich Vorrichtungen zum hygienischen Waschen und Trocknen der Hände sowie hygienisch einwandfreie sanitäre Anlagen und Umkleideräume) zur Ver-

fügung stehen, damit eine angemessene persönliche Hygiene gewährleistet ist;

b) Flächen, die mit Lebensmitteln in Berührung kommen, sind in einwandfreiem Zustand zu halten und müssen leicht zu reinigen und erforderlichenfalls zu desinfizieren sein. Sie müssen entsprechend aus glattem, abriebfestem, korrosionsfestem und nichttoxischem Material bestehen;
c) es müssen geeignete Vorrichtungen zum Reinigen und erforderlichenfalls Desinfizieren von Arbeitsgeräten und Ausrüstungen vorhanden sein;
d) soweit Lebensmittel im Rahmen der Tätigkeit des Lebensmittelunternehmens gesäubert werden müssen (z. B. Reinigung bei Weidwundschuss), muss dafür Sorge getragen werden, dass die jeweiligen Arbeitsgänge unter hygienisch einwandfreien Bedingungen ablaufen;
e) die Zufuhr einer ausreichenden Menge an warmem und kaltem Trinkwasser muss gewährleistet sein;
f) es müssen angemessene Vorrichtungen und/oder Einrichtungen zur hygienischen Lagerung und Entsorgung von gesundheitlich bedenklichen und/oder ungenießbaren (flüssigen und festen) Stoffen und Abfällen vorhanden sein;
g) es müssen angemessene Vorrichtungen und/oder Einrichtungen zur Haltung und Überwachung geeigneter Temperaturbedingungen für die Lebensmittel vorhanden sein;
h) die Lebensmittel müssen so aufbewahrt werden, dass das Risiko einer Kontamination, soweit praktisch durchführbar, vermieden wird.

Anmerkung: Da die zuvor aufgelisteten Erfordernisse in den meisten Fällen ohne Probleme und ohne gesonderte Investitionen erfüllbar sind bzw. bereits erfüllt werden, dürften alle Fälle, in denen Jagdscheininhaber bisher schon unter Beachtung der erforderlichen Hygiene Wild gehäutet und zerwirkt haben, um es anschließend zu vermarkten, auch künftig unbeanstandet bleiben. Gegenüber den Bestimmungen der bisherigen Fleischhygieneverordnung (FlHV § 10 Abs. 7 Satz 2) ist dies eine wesentliche Erleichterung.

Gesundheitsinformation für den Umgang mit Lebensmitteln

§ 43 Abs. 1 Nr. 1 des Infektionsschutzgesetz (IFSG) bestimmt, dass Personen, die mit der Herstellung, Behandlung und Inverkehrbringen von Lebensmitteln befaßt sind und dabei mit ihnen direkt oder indirekt (z. B. über Arbeitsmaterialien) in Berührung kommen, über besondere Vorsichtsmaßnahmen zu belehren sind. Dies schon deswegen, weil sich in Lebensmitteln bestimmte Krankheitserreger besonders leicht vermehren und Menschen durch den Verzehr von derartig mit Mikroorganismen verunreinigten (kontaminierten) Lebensmitteln schwer an Lebensmittelinfektionen oder -vergiftungen erkranken können. Gelangt ein kontaminiertes Lebensmittel in Gaststätten oder Gemeinschaftseinrichtungen kann davon eine große Anzahl von Menschen betroffen sein.

Und so kann man beim Zerwirken und Zurichten von Wild und Wildfleisch zur Verhütung von lebensmittelbedingten Infektionen beitragen:

- Vor Beginn der Arbeit, vor jedem neuen Arbeitsgang und nach jedem Toilettenbesuch sich gründlich die Hände mit Seife unter fließendem Wasser waschen. Zum Abtrocknen der Hände sollten immer Einwegtücher verwendet werden.
- Vor Arbeitsbeginn Fingerringe und Armbanduhr ablegen.
- Saubere Schutzkleidung (Schutzhandschuh gegen Schnittverletzungen, abwaschbare Metzgerschürze oder Einmalschürze, saubere Kopfbedeckung) tragen.
- Nicht auf das Wildbret husten oder niesen.
- Kleine, saubere Wunden an Händen und Armen mit wasserundurchlässigem Pflaster abdecken.

Bei nachfolgend aufgeführten Erkrankungen dürfen Tätigkeiten, die sich mit der Gewinnung und Zubereitung von Lebensmitteln befassen, **nicht ausgeübt werden (§ 42 IFSG):**

- Akute infektiöse Gastroenteritis (plötzlich auftretender, ansteckender Durchfall) ausgelöst durch Salmonellen, Shigellen, Cholerabakterien, Staphylokokken, Campylobacter, Rotaviren oder andere Durchfallerreger.
- Typhus oder Paratyphus,
- Virushepatitis A oder E (Leberentzündung);
- offene, entzündete Wunden oder eine Hautkrankheit, bei denen die Möglichkeit besteht, dass deren Krankheitserreger über Lebensmittel auf andere Menschen übertragen werden können.

Bei folgenden Symptomen sollte der Hausarzt aufgesucht werden:

- Durchfall mit mehr als zwei dünnflüssigen Stühlen pro Tag, gegebenenfalls mit Übelkeit, Erbrechen und Fieber verbunden.
- Hohes Fieber mit schweren Kopf-, Bauch- oder Gelenkschmerzen und Verstopfung (erst nach Tagen folgt schwerer Durchfall) sind Zeichen für Typhus oder Paratyphus.
- Milchigweißer Durchfall mit hohem Flüssigkeitsverlust (Cholera). Gelbfärbung der Haut und der Augäpfel mit Schwäche und Appetitlosigkeit (Hepatitis A oder E).
- Wunden und offene Stellen von Hauterkrankungen, wenn sie gerötet, schmierig belegt, nässend oder geschwollen sind.

Hinweis: der Amtsarzt oder eine von ihm mit der Aufgabe betraute Person (kann auch ein Repräsentant des Veterinäramtes oder der Lebensmittelüberwachungsbehörde sein) führen die nach Infektionsschutzgesetz vorgeschriebenen Belehrungen durch und stellen hierüber eine amtliche Bescheinigung aus.

Register

Halbfett gesetzte Seitenzahlen sind Hauptverweise.

Eine kleine Auswahl aus unserem großen Programm

Fritz Nüßlein
Das praktische Handbuch der Jagdkunde
Seit Jahrzehnten ein Begriff, jetzt in Neuausgabe – »Der Nüßlein«, das anerkannte Standardwerk für Ausbildung und Praxis: der aktuelle Wissensstand zu Jagdrecht, Wildkunde, Jagdbetrieb, Wildkrankheiten, Jagdhunde, Waffenkunde, Natur- und Umweltschutz, Land- und Waldbau.
ISBN 978-3-8354-0020-7

Herbert Krebs
Vor und nach der Jägerprüfung
Seit Jahrzehnten ein Begriff, jetzt völlig neu konzipiert – mit zeitgemäßem Lernkonzept, 332 Seiten mehr und 1100 überwiegend neuen Fotos und Zeichnungen: der aktuelle Wissensstand aus allen Bereichen, vermittelt in Einführungstexten und 5000 Prüfungsfragen.
ISBN 978-3-8354-0085-6

BLV Jagdpraxis
Olgierd E. J. Graf Kujawski
Wildbrethygiene
Geeignete Jagdmethoden, versorgen des Wildes nach dem Erlegen, die Gewinnung von wohlschmeckendem Wildbret mit 200 Schritt-für-Schritt-Fotos; Gesetzesvorschriften, EU-Verordnungen, Direktvermarktung.
ISBN 978-3-8354-0109-9

Manfred und Maria Baatz
Hundeausbildung für die Jagd
Das bewährte Trainingsprogramm für Jagdhunde aller Rassen in Neuausgabe: die systematische Ausbildung für Prüfung und Praxis – Schritt für Schritt mit vielen Fotos.
ISBN 978-3-405-16252-8

Die zuverlässigen Berater

BLV Bücher bieten mehr:

- mehr Wissen
- mehr Erfahrung
- mehr Innovation
- mehr Praxisnutzen
- mehr Qualität

Denn 60 Jahre Ratgeberkompetenz sind nicht zu schlagen!

Unser Buchprogramm umfasst über 750 Titel zu den Themen **Garten · Natur · Heimtiere · Jagd · Angeln · Sport · Golf · Reiten · Alpinismus · Fitness · Gesundheit · Kochen.** Ausführliche Informationen erhalten Sie unter **www.blv.de**

BLV Buchverlag GmbH & Co. KG
Lothstraße 19 · 80797 München
Postfach 40 02 20 · 80702 München
Telefon 089/12 02 12-0 · Fax -121
E-mail: blv.verlag@blv.de

blv
MEHR ERLESEN!